나의
밥 이야기

한 식품공학자의 삶에서 길어올린 음식에 대한 인문학적 질문들

나는 식품영양학 전공 학생과 타전공 학생들이 함께 수강하는 전공기초 과목을 강의하였다. 이 강의에는 비만이라는 주제도 항상 등장했는데, 그때마다 불룩한 내 배를 감추느라 바빴다.

"왜 먹는 거지?" 정말 한번쯤은 진지하게 머물러야 할 심오하고 철학적인 질문이라고 수긍하니 음식과 관련이 있는 수많은 생각들이 떠오른다.

나의
밥이야기

김석신 지음

음식윤리와 행복은 세상 모든 이에게 중요한데, 너무 당연하다보니 공기처럼 그 중요성을 깨닫지 못하고 있다는 것을 알게 되었다.

난 먹기 위해 사는 걸까, 살기 위해 먹는 걸까? 오늘 아침엔 왜 빵을 먹었을까? 배불러야 행복해하던 난 왜 지금은 적당량만 먹어도 행복할까?

궁리
KungRee

일러두기 |

본문의 1, 2, 3…는 후주로, 1), 2), 3)는 각주로 처리했다.

서문

나는 식품영양학 전공 학생과 타 전공 학생들이 함께 수강하는 전공기초 과목을 강의하였다. 이 강의에는 비만이라는 주제도 항상 등장했는데, 그때마다 볼록한 내 배를 감추느라 바빴다. 나는 과체중을 넘어 초기 비만 상태였고, 조금만 빨리 걸어도 땀이 비 오듯 흘렀으며 숨도 가쁘게 몰아쉬었다. 식사량을 줄여야 함을 누구보다도 잘 알았지만, 밥 한 숟갈 더 먹으려는 입과의 전투에서 난 늘 지기 일쑤였다. 운동량을 늘려도 운동 후 맥주 한 잔의 유혹은 늘 배보다 배꼽이 큰 바람직하지 않은 결과를 초래하였다.

소위 나잇살이 찌기 시작한 것은 30대 초반 직장을 다니고 결혼하면서부터였다. 직장 업무 스트레스에 대응하여 더 많이 먹고 마셨고, 걷기보다는 차를 탔으며, 운동보다 푹 쉬는 편을 좋아했다. 집에 와서는 더 잘 먹고 마시고 쉬었다. 질량 보존의 법칙과 에너지 보존의 제1법칙은 내 몸에 잘도 들어맞았다. 먹는 양이 소비하는 양보다 많으니 남는 것은 결국 몸에 지방의 형태로 저장될 수밖에 없었다. 몸은 더 많은 고기와 더 많은 당분과 기름기를 요구했다. 매번 달콤하고 부드러운 아이스크림에게 굴복했고 갈증을 없애주겠다며 유혹하는 맥주에게 무릎을 꿇었다. 늘 마음 한구석에 걸리는 것은 식품영양에 대해 강의하면서 솔선수범하지 못해 늘어나는 체중과 가리기 어려운 내 뱃살이었다.

그러던 어느 날 기회가 찾아왔다. 한 달 동안 피정을 가게 되었던 것이다. 피정 집에서는 매일 세 끼를 꼬박 먹었는데, 채소, 과일, 단백질 식품, 밥 등 영양 균형이 잘 잡힌 식단이 우선 좋았고, 간식도 일정한 시간에 알맞게 제공되었으며, 매 끼니의 반찬도 늘 바뀌어 물리지 않았다. 또 매일 뒷산을 4~6km 걸었는데, 비가 많이 오는 날에도 우산을 쓰고 산행을 거르지 않았다. 피정을 마치는 날, 한 달 동안 걸어두었던 양복으로 갈아입는데, 바지가 헐렁했다. 허리춤을 접어 허리띠로 맬 수밖에 없을 정도였다. 순간 눈을 의심했다. 뭐가 잘못됐지? 하지만 잘못된 것은 아무것도 없었다. 의도하지 않았는데도 체중 감량에 성공한 것뿐이었다. 함께 피정하던 사람들이 홀쭉해진 나에게 축하 인사를 했고 나는 몸과 마음이 가벼워진 상태에서 집으로 돌아갔다. 집에서 나를 맞이하는 가족, 특히 아내는 마른 나를 보고 깜짝 놀라는 눈치였다.

피정 후 성당 새벽미사에 자주 참석했다. 새벽미사에 잘 오지 않던 나를 보고 몇몇 교우들은 "왜 이렇게 말랐느냐?"고 걱정해주었다. 잘 아는 분이 미사 중 평화의 인사 시간에 "아무 일 없는 거지?" 하고 걱정하는 통에 난 "암이 아니에요." 하고 대답해야 할 정도였다. 나는 많이 작아진 얼굴 크기에 만족했지만 다른 사람들이 보기엔 아주 초췌해 보였나 보다. 겨우 3kg이었지만 한 달 만에 갑자기 빠져서 그런 것 같았다. 그런데 약 2주가 지나면서 다시 체중이 살포시 늘어나려고 하였다. 난 결심을 해야 했다. '요요'의 법칙에 따라 이 체중을 다시 원 상태로 돌릴 것인가? 아니면 정상 체중의 범위 이내로 더 줄일 것인가? 그 결심은 몸의 욕구를 이겨내는 것이다. 유전자에 의해 프로그램화되어 있는 몸의 본성을 이겨내야 하는 것이다. 이성과 의지로 인내해야 하는 일이었고, 여태까지 단 한 차례도 성공해본 적이 없는 일이었다.

나는 우선 몇 가지 쌈 채소를 샀다. 깨끗이 씻어 냉장고에 넣고는 식사를 할 때마다 제일 먼저 쌈 채소를 발사믹 식초(포도즙을 발효하여 만든 식초)와 올리브유를 섞은 소스에 찍어 먹었다. 채소를 먹은 위가 배부르다는 신호를 보내면, 생선, 두부, 달걀, 치즈 등의 단백질 식품을 충분히 먹었으며, 아주 적은 양의 밥이나 빵으로 탄수화물을 보충하였다. 하루 한 번 꼭 운동을 했는데, 트레드밀(treadmill)에서 20분 정도 걸었고 스트레칭과 근력운동도 병행했다. 그리고 좋아하던 술도 끊었다. 체중은 다시 꾸준히 줄기 시작했고 놀랍게도 3kg이 더 줄어들었다. 결과적으로 6kg이나 줄인 셈이 되었다. 나는 진화생물학자들, 진화심리학자들, 사회생물학자들이 말하는 유전자를 이긴 것이다. 엔트로피가 점점 더 증가하는 이 우주 안에서 엔트로피가 감소하는 생명의 재창조를 이룬 것이다.

하지만 몸은 본능적 욕구를 건드리면서 호시탐탐 그리고 지치지도 않고 나를 유혹했다. '딱 술 한 잔인데 어때? 사람이 그렇게까지 살 필요 없어. 파격이라는 게 있어야 멋진 삶이지.' 생각해보면 내 몸은 내 영혼이 담긴 또 다른 나의 실체가 아닌가? 그래서 나는 몸과 화해를 하자고 결심했다. 이 선에서 체중을 유지하기보다 약간 체중을 늘리면서 근력을 가꾸기로 했다. 술도 다시 적은 양을 마시기로 했다. 다만 운동은 거르지 않고 채식과 단백질 위주의 식생활도 계속 유지하기로 했다. 그 결과 체중은 다시 3kg이 늘었지만 얼굴도 초췌해 보이지 않는 이 선에서 유지하고 있다.

나는 지금 나 자신에 만족하고 있다. 그래서 행복하다. 이 행복을 느끼는 나, 몸과 함께 있는 나는 도대체 누구인가? 음식은 나에게 무엇인가? 나와 음식의 관계는 적대적인가 아니면 우호적인가? 내가 음식을 선택하는가 아니면 음식이 나를 선택하는가? 여러 가지 생각 끝에 음식을 행복하게 먹기 위하여 또는 음식을 먹고 행복하기 위해서는, 음식에 대해서, 나에 대해서, 그리고 음식과 나에 대해서 우선 알아야 하고, 그 다음에는 음식을, 나를, 그리고 음식과 나를 사랑해야 한다는 결론을 얻었다. 그래야 제대로 행복해질 것 같았다. 그래서 행복과 음식의 관계에 대한 나의 경험과 의견을 나누면서, 독자 여러분과 함께 부족한 부분을 채워, 우리 모두가 행복할 수 있는 음식의 길을 찾아보고 싶은 것이다.

어느 면에서는 황당하기까지 한 나의 무질서한 생각에 귀기울여주고 두서없고 거칠기만 한 졸고를 쾌히 받아 다듬어준 궁리출판의 이갑수 대표, 김현숙 편집주간과 궁리의 모든 분께 감사를 드린다. 그리고 부모형제를 비롯한 가족과 삶의 의미이자 행복의 원천인 아내와 두 아들 그리고 새아기에게 사랑과 기쁨을 전한다.

2014년 가을

봉제산(鳳啼山) 선우재(仙羽齋)에서 담곡(淡谷)

차례

1부 · 사람과 음식

2부 · 세상과 음식

3부 · 삶과 음식

들어가며

누구나 다 시인이고 예술가이고 철학자이던 젊은 시절, "숟가락을 들고 먹기 전에, 도대체 왜 먹는 거지?" 하고 한번쯤은 생각해보아야 한다고 열변을 토하던 친구가 있었다. 겉으로는 끄덕여주었지만 속으론 말도 안 된다고 생각했던 그 말이 지금도 머리 한구석에 저장되어 있는 걸 보면, 그 말은 이공계 식품공학자로 살아온 나에게 인문사회계 소양의 부족함을 채워줄 평형추 같은 화두였는지도 모르겠다. '왜 먹는 거지?' 정말 한번쯤은 진지하게 머물러야 할 심오하고 철학적인 질문이라고 수긍하니 음식과 관련이 있는 수많은 생각들이 떠오른다.

난 왜 먹을까? 난 먹기 위해 사는 걸까, 살기 위해 먹는 걸까? 난 왜 먹다가 멈추기를 어려워할까? 난 왜 한 끼만 굶어도 온종일 먹을 것만 생각할까? 난 왜 매일 밥을 먹는가? 난 왜 밥 대신 감자를 먹으면 싫을까? 오늘 아침엔 왜 빵을 먹었을까? 난 왜 쓴 커피를 매일 마실까? 난 왜 고기만 좋아했을까? 난 왜 싫어하던 과일과 채소를 잘 먹을까? 난 왜 싫어하던 막걸리를 지금은 좋아할까? 난 왜 연애할 때 오므라이스 한 접시에 행복했을까? 난 왜 불편한 사람과 먹으면 속도 불편할까? 배불러야 행복해하던 난 왜 지금은 적당량만 먹어도 행복할까? 난 왜 어머니가 해주시던 음식을 먹으면 울컥할까? 난 왜 쇠고기 가득한 국에 목이 멜까? 난 왜 냉면과 냄비우동을 여전히 좋아할까? 난 왜 이가 시리면서도 아이스크림을 좋아할까? 난 왜 뷔페에서 갈비찜을 꼭 먹을까? 난 왜 설악산 계곡에서 수박화채를 그리워했을까?

이렇게 순서도 없이 떠오르는 불규칙한 생각을 체계적으로 정리해볼 필요가 있지 않을까? 그래서 이 낙서판의 내용을 '사람과 음식, 세상과 음식, 삶과 음식'의 세 부분으로 크게 나누었다. 각 부분의 주제를 서술할 때 독자들이 쉽게 접근할 수 있도록 음식에 대한 내 경험과 느낌을 먼저 쓰고 내 생각과 의견도 덧붙이기로 하였다.

1부의 주제는 '사람과 음식'이다. 동물의 먹이와 사람의 먹을거리는 다른가? 음식은 무엇이고 또 음식은 어디에서 비롯되었나? 음식을 먹고 마시는 행위는 무슨 의미가 있나? 사람의 생명과 음식은 어떤 관계가 있나? 태어남이나 죽음과 관련하여 음식에는 무슨 의미가 있나? 음식의 의미는 태어나 자라고 결혼하여 부모가 되고 늙고 죽으면서 어떻게 달라지나? 음식의 의미는 잘살 때와 못살 때, 건강할 때와 아플 때, 젊을 때와 늙을 때, 남자일 때와 여자일 때, 어떻게 달라지는가? 음식에도 이데올로기가 있나? 우리의 5단계 욕구와 음식은 무슨 관계가 있나?

2부의 주제는 '세상과 음식'이다. 세상은 무엇이고 공동체는 무엇인가? 공동체와 음식은 무슨 관계가 있나? 가족공동체와 지역공동체는 개인과 어떤 관계를 유지하고 음식과의 관계는 어떠한가? 국가와 음식은 어떤 관계에 있나? 우리 전통음식과 각 나라의 에스닉 푸드(ethnic food)의 관계는 어떠한가? 글로벌 푸드(global food)에는 무엇이 있나? 정치와 음식은 무슨 관계인가? 음식은 권력인가? 경제와 음식의 관계는 무엇인가? 음식산업의 규모는 어느 정도인가? 사회와 음식은 무슨 관계인가? 음식은 신분과 관계가 있는가? 문화와 음식의 관계는 무엇인가? 금기음식과 음식문화의 상대성은 어떠한가?

3부의 주제는 '삶과 음식'이다. 인간의 본성이란 무엇인가? 본능과 이성의 관계는 어떠한가? 욕구는 어떻게 조절되어야 하고 윤리란 무엇인가? 음식윤리라는 생소한 단어의 뜻은 무엇이고 그 역사는 어떠한가? 음식윤리와 말, 특히 속담과 신어는 무슨 관계에 있나? 음식윤리의 전통적 원리는 무엇이고, 현대적 원리와는 무슨 차이가 있나? 음식인의 정의는 무엇이고 그들이 지켜야 할 강령은 필요한가? 행복이란 무엇이고, 복과 행복은 무슨 차이가 있나? 돈은 도대체 행복과 무슨 관계가 있나? 돈이 많으면 비싼 음식을 먹을 수 있는데 잘 사는 것과 무슨 관계가 있나? 음식을 먹고 불행해질 수 있나? 음식을 먹고 행복하려면 어떻게 먹어야 할까?

혹시 로봇도 사람처럼 먹을까? 인터넷에서 '먹는 로봇'을 키워드로 검색하니 식물을 섭취하여 에너지원으로 사용하는 로봇 개발 프로젝트 EATR(Energetically Autonomous Tactical Robot)[1]가 기록되어 있다. 또 애완용 개나 고양이 또는 물고기를 모방해 만든 로봇들은 배터리를 사료처럼 먹는 기능을 가진 것도 있다. 나중에는 진짜 사람처럼 먹고 소화하고 배설하고 투정하고 행복해하는 로봇도 나올지 궁금하다. 아마도 사람처럼 음식을 먹고 마시며 대화하고 웃고 즐기고 행복해하는 로봇은 나올 것 같지 않다.

사람은 음식을 에너지원으로 쓰고 마는 것이 아니라 음식을 소통의 매개체로 사용한다. 그 소통이 미국에서 한국으로와 같이 공간적이든, 조선시대에서 현 시대로와 같이 시간적이든, 아니면 어제 미국에서만 먹을 수 있었던 피자가 오늘 우리 동네 골목시장에서도 먹을 수 있는 것과 같이 시 · 공간적이든, 먹을거리와 먹는 행위는 사람과 다른 피조물을 구별해주는 또 다른 시금석이다. 물론 공통점도 많고 유사점도 많지만, 분명한 차이가 있는 것이다.

이 책에서는 앞서 언급한 세 가지 큰 주제를 다루면서 음식을 통한 행복 극대화의 이론과 실제를 서술하고자 하였다. 한마디로 '행복

하게 먹고 살자'고 말하고 싶었다. '로봇처럼, 로봇과 함께' 먹는 것이
아니라 '사람으로서, 사람과 함께' 행복하게 먹고 살자는 것이다.

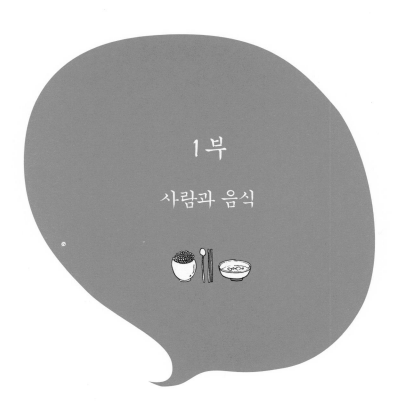

1부

사람과 음식

먹이와 먹을거리,
그 다름과 차별

주인인 나보다 한수 위였던 비바

몇 해 전까지 요크셔테리어 품종의 개 한 마리를 키웠다. 그 개의 이름은 '비바'였다. 비바가 우리 집에 처음 왔을 때 세 살이었고 작은 아이는 초등학교 6학년이었다. 작은애가 제대 후 복학생일 때 비바가 죽었으니 대략 15년 정도 산 셈이다. 비바는 늙어가면서 백내장을 앓더니 결국 시력을 잃었고 치매로 오랫동안 고생했다. 이 당시 비바는 낮에는 잠만 자고 밤에는 온 집안을 돌아다니며 벽이나 문에 부딪히기 일쑤였다. 부딪혀 자꾸 다치는 바람에 결국 철망 울타리 안에 격리시킬 수밖에 없었는데, 그 안에서도 계속 빙글빙글 돌아다니다 철망에 부딪혀 상처가 나곤 했다.

비바는 죽음이 가까워지면서는 아예 움직이지도 못했고 밥도 못 먹고 물도 삼키지 못했다. 나는 어느 날 새벽 1시까지 반쯤 뜬 초점 없는 비바의 눈을 들여다보다 깜박 잠들었는데, 새벽 6시에 일어난 작은애가 비바가 죽었다며 나를 깨웠다. 죽은 비바를 수습하며 나는 두 번 다시 개를 키우지 않으리라 결심했다. 개가 늙어가고 죽는 과정을 함께 해야 하는 것이 너무 힘들었기 때문이다. 비바는 사람이 겪는 삶의 과정을 거의 대부분 비슷하게 밟았고, 죽음의 과정도 크게 다를 바가 없었다. 사람의 삶과 죽음 그리고 비바의 삶과 죽음 사이에 무슨 차이가 있을까?

젊은 시절의 비바는 식욕이 왕성해서 참 잘 먹었고 무엇이든지 던져주면 달려가서 먹고 또 달려와서 던져달라고 보챘다. 나이가 들면서 주면 먹고 안 줘도 잘 참는 습관이 생기더니 이빨이 하나 둘 빠지면서 단단한 먹이는 못 씹고 말랑말랑한 먹이만 간신히 먹을 수 있었다. 젊어서는 자동차에 태워 먼 곳으로 여행도 함께 하였는데, 나이가 들어가면서는 데리고 나가는 것도 귀찮아하였다. 비바를 지켜보면서 동물이 먹고, 살고, 죽는 과정은 사람이 먹고, 살고, 죽는 과정과 비슷하다는 것을 확인할 수 있었다.

비바가 보여준 여러 가지 생명활동 가운데 먹는 행위에 주목해보자. 젊어서 왕성했던 식욕이나 식탐은 나이가 들면서 차츰 줄어들었고, 말로 표현하지 못해 자세히 알 수는 없었지만, 그다지 커다란 불만을 토로하지는 않았던 것으로 기억한다. 비바는 자신의 생명의 에너지에 비례해서 먹는, 균형 잡힌 모습을 보여주었으며, 활동량도 생명의 에너지에 비례해서 자연스럽게 줄였다. 특히 비바가 오래 살 수 있었던 원인 중 하나가 소식(小食)이었다는 것도 기억이 난다. 작은 숟가락에 가득 담아 두 번 주는 사료가 한 끼 식사의 전부였다. 가끔 고기도 주었지만 대부분의 나날을 수도자의 조촐한 식사처럼 담백하게 먹었던 기억이 난다.

비바와 함께 살 당시 나는 술, 안주, 고기, 탐식, 운동부족 등으로 뽀얗게 얼굴이 부풀어 오르고 있었다. 비바와 나를 비교해볼 때 나보다 더 균형 잡힌 식생활을 했던 것은 오히려 비바였다. 비바의 BMI(body mass index, 체질량지수)는 재본 적이 없어 잘 모르겠지만, 몸무게와 겉모습으로 볼 때 아마 평균 또는 그 이하였으리라 짐작된다. 당시 나의 BMI는 과체중 상한치를 초과해서 계속 늘어가는 중이었는데 반해, 비바는 먹이환경에 순응해 주는 만큼만 먹었다. 비바와 달리 나는 체중을 줄여야 하는 상황을 무시했고, 맛있는 음식을 찾아 먹으러 다녔다. 자제 또는 절제라는 관점에서 보면 비바가 나보다 더 낫지 않았던가? 최근에 와서야 나는 이성적 판단과 굳은 실천의지로 어느 정도 바람직한 식생활을 하고 있다. 하지만 비바는 이성적 판단과 굳은 실천의지를 내세우지 않고도 그냥 자연스럽게 바람직한 식생활을 했던 것이다.

나는 식탁에서 '밥'을 먹었고 비바는 아주 어린 시절에는 내 밥을 탐하기도 했지만 어느 시간부터는 자신의 '개밥'에 만족하였다. 우리는 밥은 망설임 없이 먹지만, 개밥, (애)견사료, dog food에는 좀

처럼 손을 대지 않는다. 왜냐하면 음식이 아니라고 생각하기 때문이다. 우리는 흔히 밥과 개밥은 다르고 똥과 개똥도 다르다고 생각한다. 하지만 비록 개밥을 먹었지만 비바는 식탐으로 비만해진 다른 개들과 달리 먹는 태도에 의연함이 있었다. 오히려 이것저것 자꾸 탐하여 먹고 마시는 자기 주인보다 한 수 위였다고나 할까?

차별을 담은 음식용어들

일부 예외가 있지만 대부분의 식물은 물, 수용성 무기질과 질소성분, 공기 중의 이산화탄소를 원료로 하여 빛 에너지를 이용해 유기물을 만들어내는 독립영양을 한다. 그에 반해 인간을 포함한 대부분의 동물은 유기물(식물이나 동물)에 의존해 이를 먹고, 소화하며, 영양분을 흡수하고, 찌꺼기를 배설하면서 생명을 유지하는 종속영양을 한다. 따라서 동물에게는 먹을거리가 필요하다. 강아지나 어항의 금붕어에게 '먹이를 준다, 먹이를 주어라.'는 말은 해도, 화분에 심은 난초나 텃밭에 심은 상추에는 이런 말을 안 쓰지 않는가.

먹을거리라는 말은 동물과 사람에게 고루 쓴다. 흔히 동물의 먹을거리를 먹이라고 하고, 기르는 동물의 경우 사료 또는 feed라는 말도 쓰며, 사람의 경우에는 먹을거리를 먹거리 또는 그냥 먹을거리라고 하고 음식 또는 food라고 한다. 이렇게 먹을거리를 달리 부르는 것은 사람과 동물이 다른 점을 부각시키려 하기 때문인데, 이런 차별의식에는 사람의 존재적 우월감이 밑바탕에 깔려 있다. 우리말에는 사람과 동물의 몸의 부위를 달리 부르는 경우가 많은데, 사람의 머리와 동물의 대가리, 목과 모가지, 눈과 눈깔, 입과 아가리 등을 예로 들 수 있다. 특히 낮잡아 보거나 욕할 때 동물의 몸 부위를 가리키는 용어를 사람에게 사용한다.

사람은 동물과 달리 숟가락, 젓가락, 포크, 나이프를 사용해 밥상이나 식탁에 앉아 먹는데다가, 불을 사용해 맛있게 요리해서 먹는다. 개처럼 으르렁거리며 먹지 않고 술도 곁들이고 즐겁게 대화하면서 먹는다. 냅킨으로 입을 닦고 양치질도 하며 식후에 우아하게 과일이나 커피를 즐긴다. 개는 수저 없이 먹이에 코를 박고 먹고, 사자는 피 묻은 입을 냅킨으로 닦는 법이 없으며, 소는 되새김질은 해도 요리해서 먹지는 못한다. 누가 뭐라 해도 사람의 먹을거리나 먹는 행위가 동물의 먹이나 먹는 행위와 다르다는 것은 사실이다. 하지만 우월하다고는 할 수 없다. 우월이나 열등의 기준을 경제성이나 효율성에 두면 더욱 그러하다.

게다가 사람이 동물보다 못한 점도 많다. 사자는 배가 부르면 그만 먹는다. 배부른 사자 앞에서는 사슴도 유유히 걸어갈 수 있는 것이다. 하지만 사람의 식욕은 심리적 대체 욕구 등 여러 가지 이유로 인해 몸에 해로울 정도로 과식과 폭식을 할 때가 많다. 자연 상태의 동물에게는 거의 없는 비만 등의 건강 문제가 오늘날 사람에게는 심각한 문제가 되었고, 술을 마시지 않는 동물과 달리 술 취하면 개가 된다는 말처럼 공격적 본능을 드러내고 다른 사람에게 해를 끼치는 경우도 많다. 또 사람은 동물과 달리 먹을거리를 돈으로 사고팔면서, 이익을 위해 심지어 생명을 해치는 일도 할 수 있으며, 더 많은 작물을 수확하고 더 많은 고기를 얻기 위해 환경보호나 다른 생명체의 기본적인 권리(예를 들어 동물권)조차 무시하기 일쑤이다.

이런 비판적 시각에서 보면 동물과 사람의 차이를 먹을거리까지 확대하여 먹이와 먹거리, 사료와 음식, feed와 food 등으로 차별하는 것은 바람직하지 않다고 본다. 앞으로 이 책에서는 사람이 먹는 것을 '먹거리'라는 용어 대신 '먹을거리'라는 용어로 표현할 것이다. 왜냐하면 먹을거리는 사람과 동물에게 공통적으로 적용되는 말이기 때문이다. 다만 일부 예외를 제외하고는 대부분의 동물들은 물 이외에는 음료수 형태로 마시는 경우가 드물기 때문에 음식이라는 용어는 사람의 경우에만 쓰도록 하겠다. 왜냐하면 이 용어는 차별을 담고 있지 않고, 있는 그대로의 현상을 나타내기 때문이다.

도대체 음식이
갖출 것은 무엇인가

02

맛있고 영양가 있고 안전했던 나의 음식들

나는 코가 낮은 것이 마음에 들지 않는다. 특히 사춘기 때 나의 낮은 코는 열등감의 원천이었다. 지금도 불만이 아닌 것은 아니지만 그저 그렇거니 하며 반쯤 체념하며 살고 있다. 하지만 예민했던 사춘기에 나는 볼멘소리로 "왜 내 코가 이렇게 낮아요?" 하고 어머니에게 따질 듯이 물었다. 어머니는 당시 먹을 것이 부족해서 젖이 잘 나오지 않았는데, 내가 부족한 젖을 조금이라도 더 먹으려고 입을 떼지 않는 통에 젖에 눌려 코가 낮아졌다고 말씀하셨다. 나는 반신반의하면서도 그 말을 믿을 수밖에 없었는데, 지금 생각해보니 어머니는 나를 위로하기 위해 그렇게 말씀하셨던 것이다. 하지만 젖이 부족했다는 말은 거짓이 아니었을 것이고, 나는 그야말로 가뭄으로 바짝 마른 샘물에 의지해 연명하는 사람처럼 어머니 젖에 의지해 생명을 유지했을 것이다. 아무리 가물어도 물이 조금이라도 있으면 살 수 있는 것처럼 어머니 젖 덕분에 내가 자랄 수 있었다. 생명의 등불이 꺼질 수도 있는 절박한 상황에서 코가 눌리는 것이 무슨 문제가 되겠는가? 비록 코가 눌렸다 할지라도 어머니 젖은 내가 이 세상에 태어나 먹은 첫 음식이요, 어린 나의 생명을 지탱해준 고마운 음식이다. 어머니 젖이 없었다면 지금의 나는 상상조차 할 수 없었을 것이다. 어머니 젖은 나에겐 가장 맛있고 가장 영양분이 풍부하며 가장 안전한 음식이었다.

한 가지 더 떠오르는 생각이 있다. 결혼식에 참석해 뷔페를 먹을 때 나는 주로 샐러드, 초밥, 생선회, 국수, 과일, 후식 등의 순서로 먹는다. 갈비찜도 한 개 정도 곁들인다. 그리고 나머지 음식은 아주 조금 간만 볼 정도로 먹든가 아예 먹지 않는다. 그런데 어느 날 내 눈길을 끄는 음식이 있었다. 오랜 친구처럼 나를 물끄러미 바라보는 그 음식은 바로 잡채였다. 잡채를 보면서 불현듯 할머니와 어머니 모습이 떠올랐다. 어린 시절 잔칫집에 다녀오는 할머니나 어머니의 손에는 꼭 음식보따리가 들려 있었고, 그 안에는 늘 떡과 잡채가 빠지지 않고 들어 있었다. 나는 새끼 제비처럼 연방 입을 벌려 잡채를 받아먹었다. 잡채는 예쁜 당면가락에 기름이 번지르르하고 달곰삼삼한 맛으로 어린 시절 나의 입맛을 사로잡았던 매력적인 음식이었다.

갑자기 잡채가 먹고 싶어진 바람에 접시에 가득 담아 자리에 왔다. 하지만 뷔페의 잡채 맛은 어렸을 때 먹던 그 맛이 아니었다. 희끗희끗한 머리카락에 주름 깊은 얼굴이 왠지 낯선 동창생의 모습처럼 어딘가 낯설었다. 나는 추억과 많이 다른 잡채를 먹으면서 생각했다. 왜 어렸을 때는 잡채가 그렇게 좋았을까? 지금이야 하도 맛있는 걸 많이 먹어서 입맛이 바뀌었지만 먹을거리가 부족했던 옛날 입맛에는 정말 최고의 맛이었기 때문이리라. 잡채에 자르르 흐르는 기름 맛과 약간 달콤하고 싱거운 듯한 맛, 투명해서 더 특별한 당면 가락의 졸깃하면서도 야들야들한 맛, 함께 버무린 시금치, 당근, 버섯 등의 야채와 귀한 고기 조각의 맛, 이 모든 것들이 어우러져 잡채 고유의 독특한 맛을 주었다. 게다가 밥이나 반찬이 필요 없을 정도로 전분, 식이섬유, 단백질, 지질, 미네랄, 비타민이 골고루 들어 있어 영양성분도 만족스럽다. 더욱이 잡채는 미리 조리한 재료들을 마지막에 다시 한 번 프라이팬에서 가열해서 만듦으로써 위생적으로도 안전한 잔치음식 1호가 되었다. 다시 말해 잡채는 맛, 영양, 안전성이라는 음식의 세 요소를 골고루 갖춘 이상적인 음식이었던 것이다.

잡채를 다른 음식과 비교해보면 이런 특성을 금세 알 수 있다. 예를 들어 내 어린 시절의 찐 감자는 쌀이 없을 때 또는 쌀을 아끼려고 먹던 음식이었다. 소금만 약간 넣은 그때 감자의 맛은 찰기가 없었고 독특한 냄새까지 있어 싫었다. 물론 지금이야 감자를 버터구이로 먹거나 카레 요리에 넣어 맛있게 먹지만 말이다. 요즘 어린이들이 잘 먹는 햄버거는 식이섬유나 비타민, 미네랄 같은 성분이 부족하고 열량은 지나치게 높아 정크 푸드라 부른다. 이에 비해 잡채는 얼마나 다양한 영양성분이 균형을 이룬 바람직한 음식인가. 또 언젠가 신선하지 않은 멍게, 해삼, 생선 구이 등의 곁요리(전채)를 먹고 나서 온몸에 두드러기가 나는 바람에 한 보름간 고생을 했었는데, 그 요리에 비하면 볶아서 만드는 잡채는 얼마나 위생적으로 안전한 음식인가?

피곤한 식생활의 연속

식물이 무기물에서 유기물을 합성하여 독립적으로 생명을 유지하는 것과는 달리, 동물인 사람은 유기물에 의존할 수밖에 없으며, 유기물에서 에너지와 영양성분을 얻어가며 생명을 유지한다. 따라서 음식은 생명활동, 즉 살기 위해 꼭 필요한 물질이고, 음식을 먹고자 하는 욕구, 즉 식욕은 생명유지를 위해 필수적인 생리적 욕구이다. 배고프면 생명을 유지하기 어렵기 때문에 식욕이 내보내는 신호에 따라 음식을 찾아 먹는다. 다시 말해 음식은 식욕을 충족시켜주는 물질이자 식욕충족을 위해 하는 행위이다. 식욕이 충족되면 누구나 행복한 느낌이 든다. 아이들이 배고플 때는 괜히 소리 지르고 싸우기도 하지만, 배가 부르면 배시시 웃으며 잘 논다. 이것이 음식을 먹고 식욕을 채우면 행복해진다는 증거다. 속담에도 '배부르니까 평안감사도 부럽지 않다.'고 하지 않던가.

성경을 보면 조물주가 인간 생명을 창조한 직후 에덴동산의 열매를 음식으로 주는 장면이 나오는데, 이로부터 음식이 생명의 창조와 밀접한 관계가 있음을 알 수 있다. 즉, 창조를 유지하고 이어가기 위해서는 음식이 필수적인 것이다. 아담과 하와(이브)는 어른으로 창조되었지만 그 후손들은 아기로 태어났고, 아담과 하와는 처음부터 과일을 음식으로 먹었지만 그 후손은 젖을 먹다가 이유식을 먹고 나서 어른이 먹는 음식을 먹었다. 성경에서 이스라엘 민족은 '젖과 꿀이 흐르는 땅'을 찾았는데 이 젖과 꿀이 다 생명의 음식이다.

그러면 어떤 것이 사람의 음식이 되는가? 다시 말해 어떤 요소를 갖추어야 음식이라고 할 수 있는가? 성경의 창세기에는 모든 것을 다 사람의 음식으로 준다는 내용이 들어 있다. 이 구절은 사람이 잡식성임을 의미하고 있는데, 사람은 채소, 과일, 고기, 젖, 술 등 아주 다양한 재료로 만든 음식을 먹고 소화할 수 있다. 따라서 흙이나 모래 같은 무기물을 제외한 모든 유기물이 다 음식이 될 수 있다. 하지만 모든 유기물을 다 음식으로 먹을 수 있는 것은 아니다. 음식이 갖추어야 할 요소는 맛, 영양, 안전성(또는 무독성)이다. 이 세 가지 요소 중에서 어느 한 가지라도 없으면 음식이라고 할 수 없다.

첫째, 아무리 영양이 풍부하고 안전하다 하더라도 맛이 없으면 음식이 아니다. '쓰면 뱉고 달면 삼킨다.'는 말처럼 사람은 맛있는 음식을 골라 먹거나 맛있게 요리해서 먹는다. 우리의 미각은 단맛, 신맛, 쓴맛, 짠맛, 떫은맛, 매운맛, 우마미(umami, 감칠맛) 등을 구별하며, 미각이 거부하면 먹지 않게 된다. 종합비타민을 음식이라고 하기 어려운 이유이다. 둘째, 맛이 시원하고 깨끗한 지하수 역시 영양성분이 거의 없고 에너지원도 될 수 없으므로 음식이라고 부를 수 없다. 또 공열량식품이라고 부르는 단맛 위주의 청량음료도 배척받고 있는데, 이는 단맛과 열량은 주지만 영양성분은 거의 들어 있지 않기 때문이다. 우리 몸은 체온 유지를 위한 에너지원도 필요하지만 그것만으로는 체내의 생화학반응을 지탱해 나갈 수 없어 생명을 유지하기 어렵다. 따라서 영양성분을 지녀야 음식이라고 할 수 있다. 셋째, 아무리 맛도 좋고 영양도 많더라도 독버섯은 음식이 될 수 없다. 만약 음식을 먹고 생명을 잃거나 건강을 해친다면 차라리 먹지 않는 것만 못하다. 다시 말해 음식은 안전해야 한다. 안전한 음식을 안심하고 먹을 수 없다면 가장 행복해야 할 먹을거리마저 사람에게 스트레스를 주는 셈이 된다. 맛, 영양, 안전성의 세 가지 요소를 다 갖추어야 사람이 먹을 수 있는 음식이 될 수 있다.

한편 음식이 지닌 영양성분 중에서 특별히 인체의 건강에 도움이 되는 성분을 생리활성성분이라 한다. 식물성 음식에 들어 있는 것은 파이토케미컬(phytochemical), 동물성 음식에 들어 있는 것은 주케미컬(zoochemical)이라고 부른다. 이런 성분을 농축하여 가공한 것을 기능성식품이라고 하며 흔히 건강보조식품으로 판매하고 있다. 음식에 기능성 성분이 들어 있으면 건강에 좋다. 그밖에 음식이 너무 비싸면 가난한 사람이 사먹기 어려워 아예 먹지 못할 수도 있다. 특히 고기나 생선이 너무 비싸면 단백질 공급이 원활치 못하여 단백질 부족에 기인된 질병에 시달릴 수 있다. 다시 말해 음식의 가격은 적정한 수준을 유지해야지 너무 높으면 곤란하다. 따라서 기능성성분과 적정가격도 음식이 지녀야 할 부차적 요소라고 볼 수 있다.

　우리는 음식을 선택할 때 맛, 영양성분(탄수화물, 단백질, 지질, 비타민, 무기질, 칼로리 등), 안전성, 생리활성성분, 가격 등을 동시다발적으로 고려할 수 있다. 물론 숟가락을 들기 전에 누구나 다 이런 생각을 하는 것은 아니지만, 적어도 이 음식은 탄수화물이 너무 많다든가, 단백질이 부족하다든가, 열량이 너무 높으니 참아야지 하는 정도의 생각은 하게 된다. 또 맛에 비해 가격이 너무 높다든가, 다른 상에 올렸던 반찬이 그대로 다시 상에 나오는 것 같아 불쾌하다든가, 전채가 물컹거리고 싱싱하지 않아 식중독 위험이 있다든가 하는 생각도 하게 된다. 전문가뿐만 아니라 실제로 일반 사람들도 이런 복잡한 생각을 한다. 특히 아이를 기르는 부모들은 행여 자식에게 해가 될까봐 상표에 깨알같이 적혀 있는 성분도 꼼꼼히 살펴본다. 한마디로 피곤한 식생활을 하고 있는 것이다. 행복과 즐거움에서 많이 벗어난 이런 식생활을 하다 보면 음식을 먹으면서 수사기관에서 일하는 것처럼 긴장을 느끼게 된다. 요즘 세상에는 '믿고 안심하고 먹을 수 없는 음식'이 너무 많아 음식을 먹어도 행복하지 않을 수 있다.

03

생명의 시작과
마침을 넘어

1. 탄생과 음식

밥을 먹으며 가족의 일원이 되다

아버지께서는 한국전쟁 흥남철수작전 때 가족을 이끌고 거제도로
피난 오셨고, 그 덕에 나는 북한이 아닌 남한 땅 거제시 하청면 하청
리 서리마을에서 태어났다. 할머니, 아버지, 어머니, 형 둘, 누나 둘
일곱 식구였는데, 내가 태어나 여덟 식구가 되었다. 우리 가족은 운
좋게 피난민 수용소가 아닌 민가에서 다른 피난민보다 좀 더 편안히
살았다고 한다.

　나의 생명은 서리마을에서 잉태되어 세상에 모습을 드러냈다. 나
는 서리마을에서 어머니 품에 안겨 생의 첫 음식인 젖을 먹었다. 안

전한 어머니 품에서 젖을 먹으며 나는 휴전 직전의 포성이나 피 흘림을 전혀 모른 채 마냥 행복했다. 어머니의 몸속에 속해 있던 나는 태어나서도 그 품에 계속 안겨 있었고, 어머니는 나를 귀한 아들로 인정하고 존중해주셨다. 어머니는 내가 필요로 하는 욕구를 다 채워주셨고, 나는 진정 행복하게 살았다. 이 행복감의 원천은 어머니 젖이었다. 젖이 없었다면 행복은 없었을 것이고, 건강도 나빠졌을 것이며, 어린 생명도 어찌 되었을지 알 수 없다. 생의 첫 음식인 젖은 생명 자체이다. 나에게 서리마을은 젖과 꿀이 흐르는 땅이었다.

내 뿌리를 찾아 서리마을에 가본 적이 있다. 내가 탄생한 서리마을로 찾아가는 여행은 내내 들뜸과 벅찬 감동을 주었다. 서리마을은 일부 집이 펜션으로 변했을 뿐 아직도 촌락의 분위기를 느낄 수 있었다. 그래서 기억날 리 없는 영아시절의 자취를 어느 정도 짐작으로 그려볼 수 있었다. 큰누나는 마을 입구에 있는 하청중학교에 다녔다는데, 학교 안에는 현대식 건물도 있었지만 학교의 중심인 본관은 약간 리모델링했을 뿐 옛 모습을 잘 유지하고 있었다. 마침 쉬는 시간에 학생들이 그늘에 삼삼오오 앉아 이야기를 나누는 모습도 변함없는 듯했다. 이렇게 평화로운 곳에 태어난 것에 새삼 감사한 마음이 들었다.

우리 형과 누나는 호롱불을 들고 갓 태어난 동생의 모습에서 눈을 떼지 못했다고 했다. 꼬물거리는 내 손가락도, 잠든 모습도, 옹알이하는 모습도 모두 신기했을 것이다. 가족들은 어린 새 생명을 보호하려고 새끼줄에 숯과 고추를 꿰어 금줄을 걸었고, 매일 나를 지켜보면서 행복해했다. 전쟁 중이었지만 새 생명이 집에 존재한다는 것 자체가 행복이었다. 나는 어머니, 아버지, 할머니, 형들, 누나들에게 그야말로 복덩이였다.

　나는 늘 어머니 품에 안겨 식구들 밥상 옆에 있었고, 좀 커서는 식구들이 먹는 음식을 묽게 하여 호호 불어 입에 넣어주면 맛있게 먹었다. 그리고 식구들이 먹는 음식의 강도와 농도를 점점 높여 경험하며 가족의 일원으로 커갔다. 아쉽게도 백일사진은 남아 있지 않지만 온 식구는 내가 기특하게 살아 있음을 기념하는 예식을 하며 생명이 계속 존재함에 대한 감사의 음식을 먹었다. 또 생명의 지속 가능성이 좀 더 높아졌다는 안도의 표시로 돌잔치를 베풀었다. 그리고 백일 때처럼 생명에 대한 감사의 마음으로 음식을 함께 나누었다.

음식, 생명의 탄생과 함께하다

생명의 탄생은 삶이 시작된다는 의미에서 가장 중요한 통과의례라고 할 수 있다. 옛 전통사회에서는 산고가 시작되면 윗목에 삼신상(三神床)을 차리고 쌀과 정화수 세 그릇을 올려 순산을 기원했다. 아기가 태어나면 쌀과 정화수로 흰쌀밥과 미역국을 각각 세 그릇씩 지어 올렸다.[2] 쌀은 우리 민족에게 매우 특별한 음식이다. 우리의 근본이 되는 생명을 상징하는 쌀로 지은 흰쌀밥은 귀한 것이며 정성과 마음을 표현할 수 있는 귀한 매개체이다. 밥과 미역국 이외에 삼신상에 없어서는 안 될 중요한 음식은 떡이다. 형편에 따라 생략하기도 하지만 떡을 올릴 수 있는 상황이라면 시루떡을 쪄 올린다. 시루떡은 부정을 막고자 하는 주술적 의미가 들어 있다.[3]

해산을 한 집에는 금줄을 친다. 금줄에는 숯을 끼우고 남아의 경우에는 고추를, 여아의 경우에 솔가지를 끼운다. 금줄에 사용하는 새끼는 오른쪽이 아닌 왼쪽으로 꼰다. 왼쪽은 비일상적이고 그래서 신성하게 여긴다.[4] 이것은 새로운 생명체가 태어났을 때 외부인의 출입을 금지하여 부정을 막는 문화적 안전장치이다. 붉은 고추는 색깔, 모양, 맛에 각각 의미가 있다. 붉은 색은 예부터 잡귀나 액을 물리치는 데 이용되었으므로 여기서도 잡귀, 액, 부정을 물리치는 기능을 한다. 고추의 모양은 남아의 성기를 상징한다. 매운 맛은 잡귀의 접근을 멀리한다고 생각된다. 숯은 정화력이 있으며, 땅속에서도 썩지 않을 뿐 아니라 색이 절대 변하지 않는 항상성과 불변성을 지닌다. 그래서 금줄에서의 숯은 새 생명의 변함없는 성장과 부정의 정화를 의미한다. 푸른 솔가지는 그 푸른색이 항상 변하지 않으며 절조, 생기를 상징한다. 여자의 마음은 절개가 곧아야 한다고 해서 푸른 솔가지를 꽂는다.

백일이 되면 아기의 무병장수를 기원하기 위해 백일상을 차렸는데, 이 상에는 쌀밥, 미역국, 백설기, 오색송편, 수수팥경단, 무지개떡을 올린다. 최근에도 백일상을 차리는 비율이 73.6%나 된다.[2] '백'이라는 숫자는 완성의 일단락을 표상하므로 신생아가 백일을 고비로 큰 고개를 잘 넘었다는 것을 기념하고 축복하기 위한 의미가 담겨 있다. 출생 후 돌아오는 첫 생일에는 돌상을 차려 축하한다. 돌상의 주요 음식은 백설기와 수수팥떡이다. 백설기의 흰색은 신성함을 의미하며 아기의 일생이 평안하기를 비는 마음이 반영되어 있다. 수수팥떡은 찰수수가루로 빚어 붉은 팥고물을 묻힌 찰수수경단이다. 이것은 아기의 백일이나 돌날에 만들어 이웃에게 나눠주는 떡으로, 팥의 붉은 색은 악귀를 물리친다는 의미가 있다.[3] 돌상에는 쌀밥, 미역국, 나물, 백설기, 수수팥경단, 오색송편, 찹쌀경단, 인절미, 생과일, 국수, 쌀, 대추, 흰 타래실, 청홍비단실, 붓, 벼루, 돈을 올린다. 남아 돌상에는 화살, 활, 천자문을, 여아 돌상에는 국문책과 색실, 바느질자를 올려 돌잡이를 한다. 최근에도 돌상을 차리는 비율이 88.6%나 된다.[2]

음식은 이렇게 생명의 탄생과 함께 시작되어 생명과 함께 하는 것이다. 한평생을 80년이라 가정하고 하루 세 끼니를 한해 365일 먹는다고 하면 87,600끼니를 먹는 셈이다. 한 끼니에 1kg을 먹는다면 87.6톤을 먹는 것이고 500g을 배설한다면 43.8톤의 대변이 생기는 것이다. 한 끼니에 1,000원이 든다면 평생 먹는 데에만 8,700만 원을 쓴 셈이고, 5,000원이 든다면 약 4억 4천만 원을 쓴 것이며, 10,000원이 든다면 8억 8천만 원을 쓴 것이다. 탄생부터 시작하여 죽음에 이르기까지 우리의 생명을 유지하기 위해 필요한 음식의 양과 지불해야 할 대가는 이렇게 엄청나다. 생명과 직결되는 음식은 귀중할 수밖에 없다.

2. 죽음과 음식

죽음 이후에도 음식은 필요하다

초등학교 저학년 어느 겨울밤 어머니가 갑자기 큰어머니를 모셔오라고 심부름을 시키셨다. 할머니께서 돌아가시려고 하니 빨리 오시도록 말씀드리라는 것이었다. 어머니의 초조하고 불안한 모습에서 순간적으로 어떤 긴박한 상황이 벌어졌다는 것을 느낄 수 있었다. 나는 등골이 오싹해지며 무서워졌다. 게다가 추운 겨울 어두운 밤길을 가는 심부름이라 본능적으로 더욱 무섭고 싫었다. 하지만 평소와 달리 비감해 보이는 어머니의 표정에서 거역할 수 없음을 눈치 챘다. 나는 대문 밖으로 나와 냅다 뛰었다. 골목길에는 초상이 났을 때 거는 조등(弔燈)이 있었는데, 어두운 밤이라 그 등은 더욱 섬뜩했다. 귀신이 잡아갈지 모른다는 두려움에 평소에도 걸음아 나 살려라 냅다 뛰었는데, 그날 밤은 머리카락이 모두 뻣뻣해지는 무서운 느낌에 발이 안 보이게 큰어머니댁까지 한걸음에 내달렸다. 정말 무서웠다. 집으로 돌아오는 길에는 큰어머니 손을 꼭 잡아서인지 덜 무서웠다. 그리고 그날 밤 우리 집 대문 앞에도 조등이 걸렸다. 나는 그날부터 밤에는 집밖으로 나가려 하지 않았다. 조등의 존재감만으로도 충분히 무서웠기 때문이다.

돌아가신 할머니께서는 파스를 사오라는 심부름을 자주 시키셨다. 할머니 곁에 가면 늘 파스 냄새가 났고 난 그런 할머니를 별로 좋아하지 않았다. 할머니는 3년 동안 중풍을 앓으셨고, 거동이 어려워 대소변을 받아내야 했는데, 어머니가 안 계실 때는 작은형이 대소변을 치웠다. 할머니는 기특한 손자인 작은형에게 '내가 죽어서 귀신이 되면 너를 잘 되게 도와주마.' 하고 말씀하셨지만, 심부름을 시키면 늘 툴툴거렸던 내게는 그런 말씀을 하지 않으셨다. 할머니는 돌아가시기 몇 주 전부턴가 미음도 드시지 못했다. 그러다가 나중에는 물도 넘기지 못하셨다. 그리고는 며칠 내내 종일토록 저승 잠만 주무시더니 갑자기 돌아가셨다.

할머니가 돌아가시자 난 할머니가 귀신이 되어 나를 혼내시면 어쩌나 무서워졌다. 작은형은 잘 도와주고 심부름 시킬 때마다 툴툴거렸던 나는 괴롭히면 어쩌나 걱정이 되었다. 할머니는 살아계실 때보다 돌아가신 다음부터 더 무서운 존재가 되었다. 그래서 삼년상을 치르면서 부모님이 할머니께 조석상식을 올릴 때는 후회하는 마음 반과 할머니 귀신에게 해코지 받지 않으려는 마음 반으로 기꺼이 싹싹하게 심부름을 잘 했다. 살아계실 때 물도 못 넘기시던 할머니는 오히려 돌아가신 다음 삼년 동안 더 잘 드셨다. 죽음 이후에도 음식은 필요한 것인가 보다. 나는 할머니 상을 치르면서 생명은 무섭지 않은데 죽음은 대단히 무섭다는 것을 알았다. 아마 내 생명을 빼앗길까봐 두려워서였겠지. 그래서 속담에 '땡감을 따 먹어도 이승이 좋다.'고 하는가 보다.

생명의 힘을 소진하면 우리는 모두 죽는다. 죽음의 전조는 대개 음식을 먹지 못하는 것에서 시작된다. 소위 곡기(穀氣)를 끊으면 죽음이 임박했음을 경험으로 알 수 있다. 곡기란 곡식의 기운, 즉 곡식이 품고 있는 생명력을 말한다. 이것을 끊는다는 것은 곧 생명의 상실 곧 죽음을 의미한다. 사람이 죽으면 우리는 장례식을 통해 고인의 죽음을 애도한다.

하지만 대부분의 장례문화는 동서고금을 막론하고 이 죽음의 이별을 끝이라고 인정하지 않는다. 고인은 저세상으로 떠나지만 우리와 다시 만난다는 것이다. 그래서 저승 가는 고인에게 노잣돈도 주고 입안에 쌀을 물려 저승 가는 길에 요기하라고 한다. 그리고 우리는 돌아가신 날 또는 설날, 한식, 한가위와 같은 명절에 고인을 추모하기 위해 음식을 마련한다. 살아 있는 우리와 죽은 조상이 만나는 자리가 제사상이다. 우리에게는 제사 때에 함께 모여 삶과 죽음을 엄연히 구별하면서도 차별하지 않는 독특한 문화가 있다. 이 문화에는 반드시 생명을 이어주는 음식이 등장하며 음식은 죽음조차도 이겨낼 수 있는 생명력을 지니고 있다.

대부분의 장례식장에서 죽음은 끝이 아니고 또 다른 시작이라는 생각이 들기 마련이다. 장례식은 부활을 믿고 영생을 믿는 사람은 물론 무신론자도 숙연하게 만든다. 죽으면 끝이라는 냉정한 생각과 죽음 이후에도 이어진다는 생각은 뒤집어보면 종이 한 장의 차이도 없는 것이다. 두 가지 다 믿음이지 사실에 대한 인식이 불가능한 영역이 죽음 이후이기 때문이다. 죽음도 강하지만 음식의 힘도 강하다. 음식은 우리를 죽음의 심연에서도 이끌어낼 수 있는 힘을 지니고 있는 것이다. 영생의 믿음을 지탱해주는 것도 바로 음식이다. 음식으로 인해 죽음의 냉엄한 존재도 부드러운 희망으로 바꿀 수 있는 것이다. 다시 말해 음식은 우리의 현존 여부와 상관없이 현존한다. 역설적으로 죽음도 삶도 음식 없이는 존재함을 알기 어렵다는 말이다.

우리나라 사람의 경우 79.1%가 제사음식을 전통음식으로 장만하고, 81.2%가 전통진설법에 따르는 것으로 나타났으며, 통과의례 가운데 제례 관련 풍속이 전통적인 의미와 방식을 가장 잘 전승하고 있다고 한다.[2] 사람은 누구나 이승에서 저승으로 가는 관문을 통과해야 하기 때문에 엄숙하고 정중한 상례의식을 통해 죽은 이를 편안히 전송하고 죽은 이의 음조(陰助)를 얻고자 한다. 전통상례에서 반함(飯含)은 저승까지 가면서 먹을 식량을 말한다. 물에 불린 다음 물기를 뺀 찹쌀을 죽은 이의 입에 세 번 넣으며, 백석, 천석, 만석을 외침으로써 죽은 이가 저승에서도 배곯지 않고 흰쌀밥을 먹으며 강령하기를 기원하는 의미이다. 이로부터 상례음식 중 가장 중요한 것이 쌀과 밥이라는 것을 알 수 있다.

한편 제사는 살아 있는 사람이 죽은 이의 영혼과 만나고, 대접하는 것이라 생각하였다. 제사를 통해 효를 표현하고, 죽은 이를 잘 대접함으로써 살아 있는 사람이 보상을 받는다고 생각했기 때문에 최상의 대접을 하고자 하였다. 최상의 대접은 결국은 음식상을 잘 차리는 것으로 나타난다. 우리의 제수음식은 모든 먹을거리의 총집합이라고 해도 과언이 아니다. 잔칫상보다도 더 많은 가짓수를 법도와 각각의 상징적 의미에 맞추어 차려낸 것이 제사상이기 때문이다. 이러한 믿음은 지금까지도 이어져 온다. 산업화된 현대사회에서도 대부분의 가정은 제사를 지키고 있으며 풍족하지 않은 집이라도 제사를 지낼 때만은 무리를 하여 음식을 마련한다. "모든 귀신은 먹으면 먹은 값하고 못 먹으면 못 먹은 값한다."는 말처럼 정성 어린 음식 대접이야말로 조상을 모시는 길이자 현세에 복을 받는 이치라고 여기기 때문이다.[3]

04

삶의 과정에서의
동고동락

여기서 삶의 과정이란 태어남과 죽음 사이를 말한다. 삶이 길건 짧건 우리는 주어진 기간 동안 살아간다. 삶에 영향을 주기도 하고 받기도 하는 음식은 삶의 과정에 따라 달라지기 때문에 그에 따른 음식의 변화를 살펴보는 일은 중요하다. 삶의 과정은 양육자의 돌봄 아래 성장하는 과정과 스스로 독립적으로 성숙해가는 과정으로 나눌 수 있다. 의미상으로는 결혼 전의 삶과 결혼 후의 삶으로 나눌 수 있지만 결혼을 하지 않거나 자식을 키우지 않는 삶도 있기 때문에 그런 분류보다는 종속되어 자라나는 성장과정과 독립하여 점차 원숙해가는 성숙과정으로 나누는 것이 포괄적이다. 물론 보다 세밀하게 유아기, 아동기, 청년기, 장년기, 노년기 등으로 나눌 수도 있지만 여기서는 큰 틀에서 성장과정과 성숙과정으로 나누어 살펴보겠다.

1. 성장과정과 음식

힘겨웠던 삶에 기운을 준 단맛의 추억

잘 기억나지 않는 어린 시절 모습 가운데 빛바랜 사진첩에 남아 있던 사진 한 장이 떠오른다. 나보다 큰 개 옆에 서서 고개를 한쪽으로 젖힌 채 햇빛이 눈부신지 찡그리고 어색하게 웃으며 카메라를 응시하던 모습이다. 한국전쟁 사진전에 가면 어렸을 때의 나처럼 약간 촌스런 아이들이 많이 눈에 띈다.

이 시절 어머니는 구멍가게를 여셨고, 자연스럽게 가게는 나의 놀이터가 되었다. 나는 가게 안을 빙글빙글 돌다가 어머니가 한눈파는 틈에 재빨리 단 과자만을 골라 먹었다고 한다. 어머니가 혼을 많이 냈지만 단것을 탐하는 내 버릇을 고치지 못했다고 자주 말씀하셨다. 단것에 대한 강한 집착의 결과 나는 초등학교 저학년 때 한꺼번에 네다섯 개의 썩은 유치를 뽑았다. 발치한 자리에 채워 넣었던 솜 뭉치의 느낌이 묵직했다. 그때의 나는 단것을 먹지 말라는 어른들을 이해하기 어려웠고, 특히 밥 먹기 전에 단것을 먹지 말라는 말씀이 더욱 이해되지 않았다. 하지만 어른이 되어서는 거꾸로 내가 아이들에게 같은 말을 되풀이하지 않았던가. 아이가 어른의 아버지라는 말도 아이가 있음으로써 어른이 어른답게 된다는 의미가 아닐까? 물론 아이가 없어도 어른이 되지만 말이다.

언젠가 부산 용두산 공원에 오른 적이 있다. 어린 시절 우리 집 구멍가게가 있었던 용두산, 피난민 판잣집이 가득했던 옛 용두산은 사라지고, 그 대신 현대식으로 잘 꾸민 용두산 공원이 있었다. 구멍가게도 어머니도 없는 용두산에 서니 왠지 허전했다. 이곳 한구석 구멍가게에서 단것만 골라먹던 내가 왔는데…… 아쉬운 마음에 나이 지긋한 어르신께 여쭈어보았더니 과연 이곳이 피난민 천막이 즐비하던 곳이라 한다. 그 많던 천막은 다 어디로 갔는가? 유아기의 나를 보듬어 키워주고 단것을 맘껏 먹게 해주었던 용두산 공원을 떠나 내려오면서 나의 단맛 집착은 당시 힘겨웠던 삶에 대한 나의 욕구 불만을 대변한 것이 아니었을까 하고 단맛 집착의 핑곗거리를 대본다.

다섯 살에 서울로 이사 와서 초등학교부터 서울에서 다녔다. 당시 소풍을 갈 때 단골 메뉴는 김밥, 사이다, 밀크캐러멜이었는데, 김밥 말고는 전부 단것 일색의 공열량 식품이었다. 그 시절 김밥을 오늘날도 먹고 있고, 사이다와 밀크캐러멜도 옛날과 거의 같은 제품을 여전히 팔고 있다. 당시 식습관은 요즘 아이들이 콜라, 햄버거, 감자튀김을 먹는 것과 유사한 패턴이었다. 다만 김밥은 햄버거나 감자튀김과 달리 정크 푸드가 아니라는 차이점은 있지만 말이다.

중·고등학교 때는 정말 배가 고팠다. 도시락을 두 개 싸가지고 오전에 하나 먹고, 점심시간에 하나 먹고, 학교 마치고 귀가할 때 학교 앞 골목에서 간식을 사먹고, 집에 오자마자 또 밥을 먹었다. 내가 주로 먹었던 간식은 마가린 바른 식빵에 잼을 듬뿍 발라준 것이나 고구마를 썰어 기름에 튀긴 것 등이었다. 요즘 아이들이 감자칩을

토마토케첩에 찍어 먹는 것과 유사한 패턴이라고 할 수 있겠다.

그런데 그렇게 많이 먹었는데 도대체 왜 키가 안 크고 몸이 통통해지지 않았을까? 아마도 그 이유는 키 작은 유전자와 아울러 몸을 너무 많이 썼기 때문이리라. 아침에 등교할 때 콩나물시루 같은 버스 안에서 용을 쓰다 내리면 아침 먹은 것이 다 사라졌다. 또 학교에 가면 조회, 체육, 교련 등 몸을 움직이는 시간이 많았고, 음악 시간에 노래만 몇 곡 불러도 금방 배가 고파졌다. 하교할 때는 버스표로 간식을 사먹는 대가로 집까지 걸어와야 해서 집에 오면 배가 쏙 꺼져 있었다. 다시 말해 수입보다 지출이 많은 경제생활처럼 식생활을 했기에 살이 찌지 않았던 것이다. 고3 때의 체중을 결혼 직전까지 유지했는데 이는 먹은 것보다 움직임이 많았다는 것을 의미한다.

고등학교를 졸업하면 공식적으로 술을 마실 수 있었다. 대학 신입생 환영회에서 마실 줄 모르는 술을 아주 많이 마시고 들어온 날, 온 식구가 모여 나를 기다렸다. 아마 늦게 들어오는 내가 걱정도 되고 궁금하기도 했나보다. 나는 무척 취해서 집에 돌아왔고, 온 식구의 부축을 받고 자리에 누웠는데, 천장이 빙글빙글 돌았다. 그러다가 내가 토하려고 하니까 어머니가 얼른 등을 두드려주어 잔뜩 토했다. 어머니와 식구들은 토하는 모습도 귀엽다며 다들 웃으셨다. '저 쪼그만 게 술도 마시네. 언제 이렇게 컸나?' 하는 말을 주고받았고 나는 곯아떨어졌다.

이런 통과의례는 내 자식도 거쳐야 하나보다. 부전자전, 큰애도

대학에 들어가 처음으로 술을 많이 마신 날, 몸을 가누지 못해서 길가에 누웠다. 큰애 친구와 함께 부축해서 집에 데려와 자리에 눕힌 다음, 잠든 아이를 보면서 우리 부부는 똑같이 말했다. "쪼그만 게 언제 이렇게 큰 거야?" 술 취해 잠든 애가 걱정스러워 아는 의사에게 전화했더니, 그 의사는 "누구나 그 나이엔 그렇게 술을 마시지 않느냐?" 하고 반문하였다. 그 말에 걱정을 좀 내려놓을 수 있었다.

얼마 전에 나이 차이가 많은 큰누이에게 큰애가 결혼할 거라고 전화를 했다. 누나는 우리 애가 장가간다는 사실보다 어렸던 내가 시아버지가 되냐고 되물으면서 "쪼그만하던 네가 언제 그렇게 컸냐?" 하고 말했다. 내가 "나도 나이가 들었어." 했더니 "그래 알아. 그래도 너는 나에게는 아직 애기야 애기."라고 말했다.

음식으로 어른이 되는 준비를 하다

아동학을 전공하는 분에게 "요즘 아이들이 정크 푸드인 햄버거를 좋아하는 이유가 무엇이지요?" 하고 물으니 "아마 달아서 그렇지 않을까요?" 하고 대답을 했다. 내가 "햄버거가 달아요?" 하고 의아해하자 "케첩 등 여러 가지 단맛 물질이 많이 들어 있지 않아요?" 하고 반문했다. 그렇다면 요즘 아이들이 햄버거를 좋아하는 것이나 예전의 우리들이 짜장면을 좋아하는 것이나 이유는 비슷할 것 같다. 햄버거나 짜장면이나 기름지고 달착지근하기 때문이리라. 소위 기름진 단맛을 좋아하는 아이들의 입맛은 담백한 것을 좋아하는 어른들의 입맛과 다르고 이로 인해 아이들은 충치가 생길 수 있고 특히 활동량이 적은 요즘 아이들은 비만해질 수 있다.

사춘기 때는 왕성한 발육을 음식이 뒷받침해야 하기 때문에 아무리 먹어도 배가 고픈 법이다. 음식은 신장과 체중을 증가시켜주지만 심신이 어른이 되는 준비도 해준다. 만약 잘 먹지 못하면 어른이 되는 준비가 늦어질 수도 있다. 단백질이 들어 있는 음식을 많이 먹지 못하면 호르몬 분비가 왕성하게 되지 않아 육체적·성적 발육에 지장을 준다. 웬만해선 감기에 걸리지 않는 건강한 면역력과 며칠씩 밤을 새우고 공부를 해도 버틸 수 있는 체력도 다 먹는 음식에서 비롯된다. 건전한 육체에 건전한 정신이 깃든다. 지금 현재의 정신적·육체적 건강도 다 사춘기의 영양공급을 도맡았던 음식이 있었기 때문이다. 음식은 어른이 되는 준비를 시켜준다.

또 어른이 되는 통과의례 중 하나인 고교졸업식과 대학입학식은 술이라는 사회적 금기조항을 해제해준다. 이때부터 술을 마시기 시작하여 죽을 때까지 건강이 허락하는 한 마실 수 있다. 술은 음식의 하나면서 직접적으로 사람을 행복하게 해주는 음식이다. 다른 음식이 포만감을 통해 행복감을 준다면 술은 직접 신경을 자극하여 기분을 좋게 한다.

우리가 어른이 될 때 술을 마시듯 우리의 자식도 어른이 될 때 이 통과의례를 한다. 술은 청년이 성인으로 들어가는 관문에서 거치는 통과의례 음식이다. 술은 성인이 되어 즐겨 마시는 성인의 특별한 음료다. 직접 행복해지는 음식인 술도 생명을 주는 음식이다. 그런데 왜 술이 몸에 해롭고 자칫하면 생명을 앗아갈 수도 있을까? 지나치게 마시기 쉽기 때문이다. 중용을 지키기 어렵기 때문이다. 술이 지나치면 나중에 후회할 일이 생기고 술에 중독되면 몸을 망친다. 술이 지나칠 때의 나쁜 영향은 술의 자극만큼 매우 강하고 직접적이다. 청년 때의 음식은 육체를 살찌우고 특히 술은 의기투합하는 젊음의 불을 지펴 생명의 파격적인 즐거움을 제공한다. 하지만 지나치면 육체와 건강에 심각한 악영향을 끼친다. 술에 기인된 폭력을 의미하는 주폭(酒暴)이라는 유행어가 이런 심각함을 말해준다.

2. 성숙과정과 음식

왕의 음식, 서열 5위에서 1위로 등극하다

결혼 전 4남 2녀 가운데 서열 5위였던 나는 결혼 후 당당히 서열 1위가 되었다. 정확하게 말하면 서열 공동 1위이지만. 어쨌든 나는 결혼 후 왕이 되었다. 물론 본가에 가면 다시 왕의 자리에서 내려왔지만 우리 집에 오면 왕의 자리를 되찾았다. 왕이라는 사실은 음식이 증명해주었다. 식사시간은 아내가 나를 위해 만들어주는 맛있는 음식을 즐기면서 행복해하는 시간이었다. 사실은 예전에 어머니가 손맛으로 해주시던 음식이 내 입맛에는 더 맞았다. 그에 비해 아내가 해주는 음식은 덜 익숙하고 어떨 때는 정체불명의 맛이기도 했다. 하지만 남편이자 가장인 나를 위한 사랑과 존경이 듬뿍 담겨 있는 멋진 음식이었다. 된장찌개 하나도 요리책을 보면서 재료를 하나하나 정성껏 다듬고 퇴근 시간에 딱 맞춰 끓여낸 사랑의 음식이었다.

이런 신혼 때의 음식은 그야말로 왕의 음식이었다. 왕의 음식은 나의 자존감을 극대화시켰고 또 행복을 주었다. 나는 매일 매일 아내가 만든 음식을 통해 내가 행복한 왕임을 확인할 수 있었다. 하지만 옛날 왕들의 건강이 좋지 않았던 것처럼 이처럼 맛있게 그리고 많이 먹는 음식은 내 몸을 서서히 바꾸어 나갔다. 결혼 전 21.5이던 BMI가 최고 26.2까지 올랐다. 신혼 때부터 서서히 찌기 시작한 살은 소위 나잇살을 훨씬 초과하는 지방을 내 복부에 붙여주었는데, 살이 많이 올랐을 때에는 구두끈을 매고 풀기가 어려울 정도였다.

이렇게 왕이 되니 술버릇도 왕처럼 오만해졌다. 결혼 전에는 아무리 술을 많이 마셔도 집이 있는 동네에 도착하면 확 깼던 내가 왕이 되더니 달라진 것이다. 술 한 잔 걸치고 버스에서 내리면 기분 좋게 집까지 100m 정도의 길을 올라가며 아내가 알아들을 정도로 큰 소리로 노래를 불렀다. 지금 생각하면 부끄럽지만 아마 결혼생활 초기의 나는 서열 5위의 억눌렸던 압제(?)에서의 해방을 대단히 즐겼던 것 같다. 마치 이스라엘 민족이 이집트를 탈출했을 때의 느낌으로 말이다. 하지만 왕좌에 머문 시간은 무척 짧았다. 큰아이가 태어나면서 왕의 자리를 내주어야 했고 여태까지 왕좌에 두 번 다시 오르지 못했다.

결혼 전 어머니가 해주시던 음식 가운데, 내가 특별히 좋아하던 세 가지는 가자미식해, 가지찜, 감자장이었다. 아내는 '가자미식해는 난생처음 본다.'면서 맛있게 먹는 나를 의아하게 쳐다보았다. 그리고 물었다. "그게 그렇게 맛있어요?" 나는 대답했다. "그럼 얼마나 맛있는데, 당신도 먹어봐." 하지만 아내는 고개를 설레설레 저었다. 냄새도 싫다는 것이었다. 많은 세월이 흐른 후 아내는 어머니에게 가자미식해 담그는 방법을 배워 아주 기분 좋을 때만 가자미식해를 담가준다. 친가의 식습관을 이어간 것이다. 가지찜은 오이소박이 담글 때처럼 가지의 끝은 남겨둔 채 길게 네 조각으로 썰고 그 사이에 고추장에 버무린 조갯살과 다른 양념을 섞어 넣은 후 찐 음식이다. 이것 역시 아내의 입장에서는 처음 보는 음식이었다. 아내는 주로 가지를 허옇게 무쳐 내었다. 그래서 아이들은 아내의 허연 가지무침을 먹고, 나는 아내가 마지못해 해주는 가지찜을 먹는다. 결국 나는 친가의 식습관을, 아이들은 외가의 식습관을 이어간 것이다. 감자장은 감자와 양파를 얇게 썰어 간장을 넣고 볶듯이 익힌 것인데, 이름이 감자장인 것처럼 국물이 질척하니 들어 있는 요리이다. 하지만 아내는 소금을 넣어 허옇게 볶아주었다. 내가 자꾸 불평을 하자 지금은 소금 대신 간장을 넣고 해준다. 소위 퓨전 푸드(fusion food) 형태가 된 것이다.

　뭐니 뭐니 해도 아내와의 식생활에서 가장 어려웠던 것은 음식의 짠맛이었다. 아내는 나보다 짜게 먹기에 할 수 없이 나는 물을 부어 먹어왔다. 그래도 서로 한발씩 양보한 결과 지금은 아내도 장모님 음식이 짜다고 하니 내 영향을 많이 받은 것이 틀림없다. 자랑스럽게도 결혼 후 내가 개발한 요리가 있다. 우리 친가에도 없고 아내의 친정에도 없는 김치볶음밥이다. 기름을 두른 프라이팬에 쇠고기를 잘게 썰어 넣고 어느 정도 익힌 후 잘게 썬 김치를 넣고 섞은 다음 그 위에 밥을 얹어 넣고 뚜껑을 덮은 다음 잘 익은 냄새가 나면 참기름을 넣고 섞어 먹는 것이다. 이 김치볶음밥은 내 친구가 우리 집에 놀러 와서 해주었던 것인데, 내가 계승 발전시켰다고나 할까? 어머니가 우리 집에 오셨을 때 이 김치볶음밥을 손수 해드렸더니, 어머니는 새롭게 음식문화를 창조한 아들을 대견하게 여겨 칭찬하시기는커녕 마음이 복잡하셨는지 이렇게 한 말씀 하셨다. "친가에 와서는 절대 하지 마라."

음식에 대한 생각도 살면서 변한다

사람은 성숙해 가면서 몇 가지 새로운 상황을 맞게 된다. 구약성경의 '야곱'이 얍복강을 건너면서 '이스라엘'이라는 새로운 이름을 얻었듯이, 우리는 살아가면서 몇 가지 통과의례를 거치게 된다. 많은 사람들이 결혼을 하고, 아이를 낳고 키우며, 그 아이가 자라 또 결혼을 하고 또 아이를 낳고 하는 과정을 반복해간다. 물론 결혼을 하지 않고 아이도 키우지 않을 수 있지만 삶의 과정의 변화는 누구나 거치게 된다. 이런 변화를 겪으면서 음식에 대한 생각도 변한다.

부모나 어른이 되고 나면 무슨 행동을 하더라도 이것이 아이들에게 교육적인가 아닌가를 우선 판단한다. 성장과정 중에는 아무 부담 없이 그냥 행동하던 사람도 성숙과정에 들면 아이를 의식하고 행동하기 시작하는 것이다. 이 가운데 가장 중요한 것이 식행동, 즉 먹는 것에 대한 태도이다. 이 음식이 아이에게 좋은 것인지, 아이의 젓가락질은 잘 가르치는 것인지, 왼손으로 밥을 먹지 않도록 더 애써야 하는 건 아닌지, 고기가 좋은지 생선이 좋은지, 나물은 왜 잘 안 먹는지, 어떻게 해야 먹게 할 수 있는지, 모든 것이 다 과제가 된다. '밥 먹기 전에 손 닦아라, 기도하고 먹어라, 어른이 먼저 수저를 들고 나서 먹어라, 밥 먹기 전에 단것을 먹지 마라, 겨우 고만큼만 먹느냐 더 먹어야 키 큰다.' 등등 수없이 많은 잔소리를 해대며 각 가정마다 식문화를 계승하고 발전시킨다. 때론 어른들의 지도를 받아서, 때론 TV나 신문을 참조하면서, 때론 다른 부부들의 경험담을 들어가며 좌충우돌 해내는 것이다. 부모나 어른이 된 다음의 음식은 늘 아이를 위한 음식, 다시 말해 아이의 행복을 위한 음식으로 바뀔 수밖에 없다.

이 변화의 밑바탕에는 옳고 그름, 선과 악, 호불호(好不好)가 있는데 아마 호불호가 주를 이룰 것이다. 부모로부터 독립된 생활을 시작하면서 음식에 대한 호불호도 분명히 하여 독립하게 되고, 부부의 서로 다른 식습관이나 호불호를 적절히 조절해 가면서 새로운 한 가정의 음식문화를 만들어간다. 다문화가정에서도 결혼기간이 길어질수록 한식을 선호하는 경향이 커진다고 한다.[5,6] 물론 부부 각자의 원집안의 음식문화가 녹아들어가 새로운 퓨전 음식문화를 만들어내기도 한다. 그리고 자식을 키우기 시작하면서는 자신의 부모들이 그러했듯이, 호불호를 바탕으로 음식문화의 옳고 그름과 선과 악의 잣대를 들이대고 아이들에게 가르치게 된다. 그런 과정을 거치면서 음식문화는 틀을 갖게 된다. 옳고 그름, 선과 악, 호불호가 세 축을 이루면서 식문화라는 한 공간을 연출한다. 이런 개개인의 또는 한 집안의 변화를 바탕으로 한 음식문화가 사회, 민족, 국가의 음식문화가 되는 것이다. 물론 이 음식문화는 빨주노초파남보의 개별성을 지니지만 백색 광선이라는 공동문화로 보인다. 그리고 항상 변화하는 역동성을 지니게 된다. 삶의 과정이 개인적이든 사회적이든 늘 변화하는 것처럼 음식도 개별성과 공동성, 그리고 역동성을 갖고 변화하는 것이다.

05

즐거울 때나 괴로울 때나
성할 때나 아플 때나……

1. 부유한 사람과 가난한 사람 그리고 음식

지금도 서글픈 정육점 쇠기름 심부름

어린 시절 집안의 서열이 낮았던 나는 온갖 심부름, 특히 어머니 심
부름을 도맡아했다. 어머니는 정육점 심부름을 자주 시켰는데, 나는
정말 이 심부름이 싫었다. 정육점에 보낼 때마다 어머니는 항상 같
은 말씀을 반복하셨다. "정육점에 가서 '쇠고기 반근만 주세요. 그리
고 쇠기름도 많이 주세요.' 하고 말씀드리고 잘 참고 기다렸다가 많
이 받아 오너라." 대식구에게 고기 반근은 정말 턱없이 적었기에 어
머니는 다른 사람들이 고기 사갈 때 조금씩 떼어내는 쇠기름을 얻어
식구들의 지방 보충용으로 재활용하셨던 것이다. 식구들은 고기 반

근과 쇠기름을 넣고 끓여 기름기가 흐르는 국물을 마시고 나면 다들 행복해했다.

　나는 정육점에 일찍 가더라도 다른 손님들의 고기에서 쇠기름을 조금씩 떼어낼 동안 한쪽 구석에서 기다려야 했다. 손님들이 다 가고 나서야 정육점 주인은 쇠고기 반근과 한쪽 구석에 떼어내 둔 쇠기름을 귀찮다는 몸짓을 해보이며 선심 쓰듯 종이에 싸주곤 하였다. 나는 정작 고기를 사가면서도 고맙다고 몇 차례 인사하면서 나와야 했다. 이런 나의 고충을 우리 식구들 아무도 알아주지 않았다. 그래서 지금도 그 정육점 심부름은 생각하기도 싫다. 어린 나이라 남과 비교되는 것이 무척 싫었을 것이다. 나도 남들처럼 "고기 두세 근 기름 떼어내고 주세요."라고 호기롭게 말하고 싶었다. 이런 내 속의 외침을 정육점 주인이나 손님들 모두 몰랐을 것이다. 빈부 차이는 음식에도 있으며 부자가 가난한 사람의 음식을 이해하기는 어렵다. 예나 지금이나 부자가 먹는 음식과 가난한 사람이 먹는 음식은 다를 수밖에 없다. 신약성경에 나오는 부자와 라자로 이야기나, 프랑스혁명 당시 '빵이 없으면 케이크를 먹으라.'고 했다는 마리 앙트와네트 왕비의 이야기에서 음식의 빈부 차를 짐작할 수 있다.

　대학 졸업 후 직장 다닐 때 지방출장을 가게 되었다. 당시 하위직이었기에 무궁화호 요금이 출장비 기준이었지만, 과감하게 새마을호 특실 표를 끊었다. 특실은 과연 쾌적했다. 배가 출출해지자 식당차로 갔다. 식사와 맥주를 먹고 마시며 먼 불빛이 스쳐지나가는 밤

기차의 차창을 바라보는 것은 낭만 그 자체였다. 하지만 아주 잠시 너무도 짧은 시간만 낭만에 빠져 기뻤다. 즐거웠던 마음은 졸업식 꽃다발처럼 이내 시들해졌다. 내가 바랐던 대로 새마을 특실을 타고 식당차에서 우아하게 식사하면서 맥주를 마시는 그 낭만을 지금 즐기고 있는데, 금방 허전해지는 이 마음의 정체는 무얼까? 이것이 한계효용체감의 법칙인가? 이 욕망은 전철로 통학했던 대학 때 잉태되었다. 1호선 전철을 타면 꼭 두세 번 새마을호에게 선로를 양보하기 위해 참을성 있게 기다려야 했다. 한참을 기다리면 새마을호가 경적을 울리면서 질풍처럼 지나갔다. 그리고 내 눈엔 식당차에 앉아서 즐거워하는 사람들이 여러 차례 눈에 들어왔다. 부러웠다. 나도 졸업하고 취직해 돈이 생기면 저렇게 해봐야지 하는 생각을 품었다. 그리고 오랫동안 기다렸던 낭만을 막 즐기는 순간 행복은 맥주 거품처럼 사라진 것이다. 욕망을 만족시킨다는 것은 이렇게 덧없는 것인가?

은어와 도루묵

사람은 생존하기 위해 음식을 필요로 하며, 결핍된 상태에서 필요로 하는 것을 욕구(need)라고 한다. 며칠 굶은 사람은 어떤 음식이든 먹는 것이기만 하면 욕구가 만족된다. 이런 욕구에는 인간과 동물 사이에 차이가 없다. 그러나 1등 하면 짜장면을 사준다고 약속했던 부모가 피치 못할 일이 생겨 그냥 집에서 늘 먹던 밥을 먹게 되었다고 하자. 이 경우 욕구는 채워질 수 있겠지만 욕망(want, desire)은 채워지지 않을 것이다.

갖고 있는 것 이상을 바라고 가질 수 없는 것마저 갈구하는 것이 바로 욕망이며, 이것은 인간만의 특징이다.[7] 사람들은 자주 욕구와 욕망을 혼동한다. 물론 이들은 부족함에서 발생한 심리적 상태라는 공통점을 지니고 있다. 가령 우리가 배고픈 것은 우리 몸이 음식물을 요구하기 때문이다. 그러나 음식을 먹고 싶다는 욕구가 있음에도 되도록 특정한 음식을 먹고 싶어 하는 성향은 욕망의 차원에서 고찰될 수 있다. 욕망은 사회적인 것으로 욕망의 충족이 반드시 생존과 직결되는 것은 아니다.

모든 사람은 욕구와 욕망을 가지고 있다. 음식물에 대한 식욕도 욕구 수준의 것과 욕망 수준의 것이 있다. 욕구는 비슷하겠지만 욕망은 사람마다 다르다. 한여름 설악산 깊은 계곡에서 음식을 실컷 먹고 마셨으면서도 도저히 사러 갈 수도 없는 수박 타령을 한다면, 이것이 욕망의 식욕이다. 보통 사람이면 채울 수 없는 이 욕망이 만약 재벌 총수의 욕망이라면 직원들이 채워줄 수도 있을 것이다. 대형마트 와인 코너에는 만 원 이하의 와인부터 몇 십만 원짜리 와인들까지 사람들의 다양한 욕망의 스펙트럼을 채워주기 위해 진열되어 있다.

현재 부자냐 아니냐를 기준으로 사람을 네 그룹으로 나눈다면 평생 부유한 사람, 평생 가난한 사람, 가난했다가 부유해진 사람, 부유했다가 가난해진 사람으로 나눌 수 있다. 평생 부유한 사람과 가난한 사람은 부나 가난의 대물림을 예로 들 수 있고, 가난했다가 부유해진 사람은 개천에서 용 난 경우를, 부유했다가 가난해진 사람은 IMF 대량실직을 떠올릴 수 있겠다. 그룹에 따라 음식이 다르며 음식을 대하는 태도도 다를 수 있다. '도루묵'이라는 생선 이름에 얽힌 확인되지 않은 고사를 보면 상황에 따라 음식을 대하는 태도가 얼마나 달라질 수 있는지 알 수 있다. 16세기 말엽 조선시대 선조가 임진왜란 중 피난을 갔을 때, 한 백성이 '묵'이라는 물고기를 선조에게 바쳤는데 임금이 먹어보니 너무 맛이 좋아 '은어(銀魚)'라는 이름을 하사하였다. 그러나 전쟁이 끝난 후 임금이 문득 은어가 생각나 먹어보니 맛이 예전과 달라 "도로 묵이라고 하라."고 해서 도루묵이 되었다고 하지 않던가.

하지만 아무리 계층별로 음식이 다를 수 있다 하더라도, 너도 나도 같은 사람이라는 측면에서 잊지 말아야 할 사실이 있다. 나만 먹고 사는 것이 아니라 너도 먹고 산다는 것이 바로 그것이다. 거제도 포로수용소 유적박물관에 가보면 여러 개의 커다란 솥에 밥을 하는 장면과 배설하는 행동을 보여주는 적나라한 설치물이 야외에 있다. 텐트나 의복 등과 함께 의식주가 얼마나 기본적인 것인지 깨닫게 된다. 그리고 그 깨달음은 나도 먹지만 너도 먹는다는 사실을 잊기 쉽지만 잊지 말아야 함을 말해준다.

도시락도 못 싸올 정도로 가난한 아이가 수도꼭지에서 나오는 공짜 물로 배를 채웠다는 이야기는 물론 옛날이야기이다. 하지만 오늘날에도 여전히 어려운 학생들은 무료 급식권을 준다고 오라고 해도 친구들에게 가정형편이 알려질까 두려워 급식실로 오지 않는다고 한다. 이런 학교급식 영양사들의 이야기를 들으면 가난한 사람이 음식에 대해 갖는 생각은 많이 다를 수 있다는 생각이 들어 왠지 서글퍼진다. 음식은 생명인데, 그래서 사람에게 생명뿐만 아니라 자존감과 활기를 주어야 하는데, 그 음식이 가난한 사람의 자존감을 무너뜨리고 의기소침하게 할 수도 있다는 것 아닌가.

그러니 음식에 대한 나의 지나친 욕망을 자제하고 기본 욕구도 채우지 못하는 사람이 있지 않나 주변을 살피는 것이 바람직하지 않을까? 생명과 자유와 평등이 어찌 프랑스 혁명만의 구호이겠는가. 조선시대에 선농단에서 왕이 직접 풍년을 기원하는 제사를 올리고, 소를 잡아 큰 가마솥에 넣어 국(설렁탕)을 끓여 백성들을 대접하였다고 하지 않는가. 요즈음 정치인이 유세할 때 시장에서 떡볶이를 먹는 이유도 너와 내가 다르지 않다는 동질감에의 호소가 아닌가? 옛 속담대로 '떡이 별 떡 있지 사람은 별 사람 없다.'

2. 건강한 사람과 아픈 사람 그리고 음식

아픈 사람에게 음식은 생명과 행복 그 자체

2학기가 끝나고 연말연시 송년회 일정이 한창일 즈음 갑자기 '눈꺼풀 떨림' 증세가 시작되었다. 며칠 있으면 괜찮겠거니 하고 기다려봤지만 보름이 지나도 차도가 없었고 오히려 떠는 횟수가 더 늘어났다. 그래서 내과 주치의에게 진료를 받았더니 마그네슘제제를 5일분 처방해주었다. 약을 먹을 때는 좀 나아지는 듯했지만 5일분을 다 먹어도 눈꺼풀 떨림은 멈추지 않았다. 그래서 인터넷 검색을 해보았더니 주요 원인 중 하나가 스트레스라는 것이다. '스트레스를 풀려면 어떻게 하지?' 하고 반문해 보았더니, 명쾌한 답이 나왔다. '여행이다, 여행!' 마침 지리산 피아골에 잘 아는 신부님이 계신다는 소식도 들은 터라 부랴부랴 기차표를 끊고 혼자만의 1박 2일 여행을 떠났다. 참 홀가분했다. 그냥 멍하니 창밖만 바라봐도 좋았다. 그리고 신부님과 함께 이런저런 대화를 나누면서 오랜만에 아주 편한 시간을 즐겼다.

다음날 아침 식사 후 신부님과 작별 인사를 나누고 피아골 계곡 길을 한참 걸어 내려오다가 군내버스를 탔다. 그런데 이상한 일이 생겼다. 눈꺼풀 떨림이 사라진 것이다. 그래서 스트레스가 내 눈꺼풀 떨림의 첫 번째 원인이었나 보다 하고 확신하였다. 그런데 서울로 돌아와서 며칠 지나니까 다시 증세가 가볍게 시작되는 것이 아닌가. '또 여행을 갈 수도 없고, 어떻게 하지?' 망설이던 나는 마그네슘이 풍부한 견과류를 조금 많이 먹어보기로 했다. 냉동실에 보관하던 은행, 잣, 호두를 꺼내고 시중에서 파는 혼합견과류 제품을 사왔다. 혼합견과류 제품에는 아몬드, 피칸, 브라질너트, 캐슈너트가 많이 들어 있었다. 이 견과류들에는 마그네슘은 물론 칼륨과 칼슘이 많이 들어 있어 혈압 조절에도 도움이 될 것으로 기대되었다. 다른 견과류는 그냥 먹으면 되는데, 은행만큼은 귀찮은 전처리가 필요하였다. 단단한 겉껍질을 제거한 후 기름 두른 프라이팬에서 익히면서 얇은 속껍질까지 벗겨내어 먹어야 했다. 그래도 매일 은행과 잣, 호두, 아몬드, 피칸, 브라질너트, 캐슈너트를 먹었더니 며칠 지나지 않아 눈꺼풀 떨림 증세가 사라졌다. 스트레스 누적과 마그네슘 부족 문제를 해결하여 얻은 결과였다. 이렇게 음식은 건강을 유지하도록 또는 더 아프지 않도록 도와주거나 예방하는 역할을 한다는 사실을 알게 되었다.

언젠가 아이스크림을 사주는 분에게 지금은 "못 먹어요." 하고 사양했더니 아주 의아해하였다. 아이스크림을 못 먹는 이유로는 충치, 잇몸질환, 당뇨, 고혈당, 복부지방, 과체중, 비만 등이 있을 텐데, 나의 경우는 잇몸질환이었다. 아이스크림을 먹으면 이가 너무 시리다. 또 누군가 친절하게 오징어를 주었는데 이것도 사양했다. 부실하나마 지금의 치아 상태를 유지하고 싶어서였다. 그도 맛있는 오징어를 안 먹는 나를 이해할 수 없다는 표정을 지었다. 그렇다. 건강한 사람은 아픈 사람을 이해하지 못한다. 왜냐하면 아프다는 사실을 인지하지 못하기 때문이다. 인지하려면 경험을 공유하는 것이 필요하다. 영화를 본 사람들이 경험을 공유함으로써 그 영화의 스토리를 인지하는 것처럼 음식을 함께 먹으면서 아픔을 공유할 수 있는 것이다.

음식은 아픈 사람과 건강한 사람의 이해를 높이는 매개체이다. 언젠가 암환자에게 드시고 싶은 것을 물으니 "추어탕이 제일 먹고 싶다."고 하였다. 그래서 둘이 식당에 앉아 추어탕을 시켜 먹었는데, 그분이 얼마나 맛있게 드시고 기뻐하시는지 건강한 나로서는 좀 이해하기 어려웠다. 식사 후 우리는 한강 둔치를 거닐었고 하늘과 바람과 강물을 즐기면서 옛이야기를 나누었다. 너무나 행복해 하던 그분은 얼마 후 돌아가셨다. 건강한 나는 내일도 먹을 수 있는 추어탕이 아픈 그분에게는 생명과 행복 그 자체였나 보다.

먹는 것이 바로 당신이다

건강을 좌우하는 요인은 유전자, 환경, 음식이다. 부모로부터 건강한 유전자를 물려받고, 깨끗하고 편안한 환경에서 영양이 풍부하고 안전한 음식을 먹는다면 아프지 않고 오랫동안 건강하게 살 수 있으리라 생각된다. 그런데 유전자는 우리에게 주어지는 것이고 우리는 물려받은 유전자의 운명대로 살아갈 수밖에 없지 않을까? 답은 '그렇지 않다.' 유전자가 동일한 일란성 쌍둥이도 유전자의 발현에 따라 건강이 달라질 수 있다. 오늘날 생명과학에 의하면 생명체는 외부요인(음식, 환경 등)에 따라 유전자의 발현이 달라진다고 한다. 이렇게 유전정보가 다른 요인에 의해 발현이 달라지는 현상을 후성유전이라고 한다. 지금까지 밝혀진 후성유전물질로는 히스톤 단백질, 메틸기, 아세틸기 등의 화학물질이 꼽히고 있다. 이 물질들이 DNA

정보를 세포들이 쓸 수 있게 조직화하는 과정에 개입함으로써 유전 정보의 발현을 좌우하는 것이다.[8]

DNA를 켰다(switch on), 껐다(switch off) 할 수 있는 후성유전자 중 하나인 메틸기는 우리가 매일 먹는 음식에서 온다. 그래서 '먹는 것이 바로 당신이다(You are what you eat).'라는 명제가 가능해지는 것이다. 중국 산시 성은 매년 8만~10만 명의 신경관결손증 기형아가 태어나는 끔찍한 재앙에 시달렸다. 이는 유전자를 복제할 때 필요한 영양소인 엽산의 결핍 때문에 발생했다. 엽산 결핍은 채소가 부족한 식생활이 주요 원인이었고, 엽산을 넣은 밀가루를 먹은 후부터 기형아 출생률이 85%나 감소하였다. 음식의 변화가 유전자의 발현을 바꾸고 아이들의 운명을 바꾼 것이다.[9] 물론 유전자의 발현을 바꾼다는 것은 쉬운 일이 아니다. 또한 환경의 변화도 나 혼자 할 수 있는 일이 아니다. 하지만 음식의 변화는 그야말로 내가 온전히 할 수 있는 일이 아닌가.

건강의 관점에서 사람을 네 그룹으로 나눈다면 평생 건강한 사람, 평생 아픈 사람, 아프다가 건강해진 사람, 건강하다가 아픈 사람으로 나눌 수 있는데, 그룹에 따라 먹는 음식도 달라질 수 있다. 평생 건강한 사람은 건강한 유전자를 물려받고 좋은 환경에서 좋은 음식을 먹고 사는 사람이라고 할 수 있다. 반면에 평생 아픈 사람은 건강하지 않은 유전자를 물려받고 좋지 않은 환경에서 좋지 않은 음식을 먹고 사는 사람이라고 할 수 있다. 아프다가 건강해진 사람은 다시 아프고 싶지 않기에 주거 환경을 바꾸거나 좋은 식습관을 유지하려 노력할 것이다. 문제는 건강하다가 아픈 사람인데, 약물요법(drug therapy)과 식사요법(diet therapy)을 병행하여 치유에 중점을 두게 될 것이다.

식사요법은 환자의 신속한 질병회복, 병의 재발방지 및 질병예방에 목적을 두고 있다. 병이 생기고 나서 식사요법을 하는 것보다는 평소에 올바른 식생활을 하여 병을 예방하는 것이 더욱 중요하다. 질병의 종류가 수도 없이 많고 복잡하듯이 식사요법의 종류도 다양하다. 당뇨병, 비만, 동맥경화, 고혈압, 심장병, 신장병, 통풍, 알레르기, 단백질 결핍증, 비타민 결핍증과 과잉증 등 질병 증세에 따라 특정한 영양소를 제한하거나 보충을 한다. 기본 원칙인 세 끼 식사와 두세 번의 건강 간식을 규칙적으로 정해진 시간에 천천히 적당한 양을 먹어야 한다는 것은 같다. 그러나 병에 따라 강조해야 할 점이 있고 조절해야 할 점이 있다.[10]

3. 젊은 사람과 늙은 사람 그리고 음식

중년의 음식은 인생의 거울

장 지오노의 〈나무를 심은 사람〉 영상을 보았을 때 기억나는 주인공 젊은이의 말이 두 가지 있다. 하나는 "나는 젊었으므로 나와 내 행복 추구와 관련 있는 미래에만 관심이 있었다."였고, 다른 하나는 "더구나 스무 살 때 우리는 쉰 살 된 사람은 죽는 것밖에 할 일이 없는 것으로 여겼기 때문이다."였다. 나 역시 젊었을 때는 그랬다. 그다지 행복해 보이지 않고 무기력한 노인들을 보면 그런 생각이 더 들었다. 마치 세상은 젊은이들을 위해서만 존재하는 듯했다.

언젠가 작은아들하고 대화할 기회가 있어 물었다. "너는 아빠가 너보다 행복하다고 생각하니? 아니니?" 아들은 잠시 생각하더니 "아빠 연세에 뭐 그리 즐거운 일이 있겠어요?" 하는 것이 아닌가. 이 말은 젊은 내 아들이 나이 든 자기 아빠보다 더 행복하다는 것을 의미했다. 그래서 내가 말했다. "난 젊었을 때보다 지금이 더 행복해. 얼마나 행복한지 몰라." 아들은 의아한 눈으로 나를 쳐다보았고 우리는 서로 좁힐 수 없는 삶에 대한 견해 차이를 느끼고 더 이상 대화를 계속하지 않았다. 나는 젊은 시절로 되돌아가고 싶지 않다. 화산과 같이 불규칙하게 폭발하는 감당하기 어려운 열정, 불확실하고 불투명한 미래에 대한 강박감 등을 다시 겪어내고 싶지 않고, 이젠 견디기조차 힘들다. 그래서 나는 나이 든 지금이 좋다. 지금이 행복하다. 이렇게 젊은 사람과 나이 든 사람은 생각이 기본적으로 다르다.

나는 젊었을 때 지리산을 종주하고, 내설악에서 외설악으로, 한라산을 오르내리며 에너지 넘치는 생활을 하였다. 지금은 운동하다 무릎을 다친 후 청계산같이 낮은 산도 잘 가지 않고 심지어 계단도 살살 피해 다니고 있다. 이런 차이는 젊은 사람과 나이 든 사람의 에너지의 차이에 기인한다. 실제로 20대는 60대보다 매일 500~600kcal

를 더 필요로 한다.[11] 운동뿐만 아니라 사람의 식습관에도 젊음과 늙음의 차이가 있다. 해외여행을 함께 가보면 쉽게 알 수 있다. 나이가 젊을수록 현지의 음식에 매력을 느끼고 과감히 먹어보지만, 나이 들수록 현지의 음식보다는 한국에서 싸간 고추장, 김치, 깻잎장아찌, 햇반 등에 의존한다. 이것 역시 나이에 따른 에너지 차이에 기인한다. 물론 꼭 연령적인 나이 때문이라고 볼 수만은 없지만.

이제 나는 깊은 중년의 나이가 되었다. 머리는 제법 은발이 어울리고 얼굴의 주름은 햇살에 나가 있으면 적나라하게 드러나서 감출 수 없다. 중년의 나는 무릎도 아프고 운동도 심하게 하면 힘들고 감기에 걸리면 잘 낫지 않고 밥 먹고 나면 아주 많이 졸리고 쉽게 피곤해 한다. 혈압약도 복용하고 있고 젊어서 먹지 않던 홍삼도 먹는다. 텃밭에서 딴 상추나 쑥갓에 고기를 싸먹으면서 행복해한다. 중년이 되니 탐식도 줄었다. 결혼식 뷔페에 가서도 많이 먹지 않는다. 공짜 술이라고 벌컥벌컥 마시지도 않는다. 자꾸만 평정심을 찾으려 노력한다. 산해진미도 그다지 즐겁지는 않다. 라면 한 그릇에도 감사한 마음이 들기 시작한다. 큰 욕심 없이 사는 것이 음식에도 드러난다. 그냥 좋은 사람들과의 만남이면 어떤 음식이라도 좋다. 이 순간이 지나면 이 기쁨이 다시 오지 않는다는 것을 알기 때문이다. 심신의 나른한 행복, 크게 욕심내지 않고 살려는 자세로 음식을 먹는다. 중년의 음식은 인생의 거울이다. 나이가 들수록 작은 배려에 감사하는 마음이 더 생긴다. 오래전 어머니의 친구들에게 식사를 대접한 적이 있다. 어머니께서 좋아하시던 모습은 어머니에게만 음식을 대접했을 때와는 비교가 안 될 정도였다. 어머니는 그때의 행복과 자랑스러움을 거의 매년 한두 차례 연두교서처럼 발표하셨다.

음식은 젊은 사람과 늙은 사람이 함께 하는 삶의 추억을 재현해 준다. 대전에 살 때 우리 동네에 효성이 지극한 분이 사셨는데, 어느 날 대청호 상류에 가서 '새뱅이'를 잡아 왔다고 했다. 새뱅이가 뭐냐니까 새우의 사투리인데 흔히 민물새우를 그렇게 부른다고 했다. 어머니가 새뱅이를 넣고 끓인 국을 드시고 싶다고 했단다. 그분 어머니는 그 새뱅이 국을 드신 후 며칠 지나지 않아 돌아가셨다. 어렸을 때 그분의 어머니가 끓여주셨던 그 새뱅이국을 통해 사람의 생명이 계속 이어지는 것이다. 아버지에게서 아들로 또 그 아들로 그 아들의 아들로, 어머니에게서 딸로 또 그 딸로 그 딸의 딸로…… 음식은 추억의 재현을 통해 과거와 현재와 미래를 한 끈으로 이어준다. 우리는 음식을 통해 현재라는 순간에 과거와 미래까지 모두 경험하는 것이다. 젊은 사람이든 늙은 사람이든 우리 모두는 언제 죽을지 모른다. 내일도 오늘처럼 살 것이라고 은연중에 믿고 살고 있지만 갑자기 죽음이 다가올 수도 있다. 오늘의 한 끼 식사도 기쁘고 행복하게 먹어야 하는 이유가 여기에 있다. 젊은 사람과 늙은 사람이 함께 먹는다면 더 아름다울 것이다.

음식과 나이의 관계

젊은 사람이든 늙은 사람이든 무병장수를 꿈꾼다. 젊은 시절에는 에너지가 넘쳐서 왕성한 식욕, 새로운 음식에 대한 호기심, 강력한 소화력, 아무리 단단한 음식이라도 씹을 수 있는 튼튼한 이, 며칠 밤을 새워도 끄떡없는 튼튼한 체력이 있다. 하지만 연령이 높아짐에 따라 기초대사량의 감소, 타액 분비의 감소, 미각과 후각 등 감각의 저하, 소화기능의 저하와 장애, 식욕감퇴, 치아손실, 질병 등의 노쇠현상과 함께 음식의 섭취량 감소, 영양소 흡수율 저하, 경제력 약화, 자신감 부족 등의 현상이 나타난다. 이처럼 노화는 영양성분의 섭취와 영양소의 소화 및 대사에 영향을 끼치기 때문에 고령자의 영양소요량은 젊은이의 경우와 다르게 된다.[11] 누구나 젊었다가 늙을 수밖에 없지만 젊은데도 늙은이 같은 사람이 있고, 늙은데도 젊은이 같은 사람이 있다. 이에 따라 음식도 달라질 수 있다. 하지만 대부분의 늙은 사람들은 아프게 되어 스스로 돌볼 수 없을까봐 걱정한다. 그래서 그들 중 30%의 사람들이 건강보조식품을 구입하며, 아픈 사람은 더 많이 찾는다.[12]

나이가 들면 음식을 조금 더 많이 흘리면서 먹고, 음식에 대한 집착이 조금 더 심해지고, 단단한 음식물은 조금 더 씹기 힘들어하고, 음식의 간 맞추기를 조금 더 어려워하고, 육류 요리는 예전보다 조금 더 소화시키기 힘들어하고, 옛날에 좋아하던 음식에 대한 향수를 조금 더 짙게 느낀다. 음식은 마음과 몸의 불균형을 느끼게 해준다. 마음으로는 얼마든지 먹고 소화할 수 있을 것 같은데 몸은 그 마음을 따라주지 못한다. 특히 술은 금방 취하게 하고 깨는 데 필요한 시간도 훨씬 더 길어진다. 음식은 나이 들었음을 인정하게 만든다. 세월을 받아들이게 하는 것이다. 조금 적게 먹어야 한다. 조금 적게 마셔야 한다. 기초대사량과 영양요구량이 점점 줄어들고 있기 때문이다.

사람들은 나이 든 사람에 대해 전반적으로 부정적인 이미지를 갖고 있는데, 특히 청년들은 나이 든 사람의 건강과 지적 능력에 대해 더욱 부정적이다.[13] 또 젊은 대학생들이 늙은 사람의 특성으로 서술한 표현을 보면 '전통적 가장' '생을 통합하는' '조부모 상' 등 긍정적인 표현도 있지만, '생활감각이 부족한' '자기중심적인' '삶에 지친' '은둔적인' '비관적인' '목표가 없는' '위축된' 등의 부정적인 표현이 더 많다.[14] 하지만 나이 든 당사자들은 훨씬 더 자신을 긍정적으로 지각하고 있다는 사실도 주목해야 한다.[15] 그리고 같은 늙은 사람이라도 여가활동을 하는 경우와 하지 않는 경우에서 식생활과 영양 상태에 차이가 있는데, 전자가 후자에 비해 규칙적인 식생활 습관을 갖고 있고 영양소 섭취 상태나 정신건강 상태가 더 좋다고 한다.[16]

많은 경우 젊은 사람과 나이 든 사람의 의견은 다르다. 평소에는 잘 드러나지 않다가 선거 때가 되면 적나라하게 드러난다. '쯧쯧쯧 요즘 젊은 사람들은……' '아 정말 나이 든 사람과는 대화가 안 돼……' 이집트의 피라미드에도 쓰여 있을 법한 이 세대 간의 의견 차이와 갈등은 오늘도 지속되고 있다. 이런 차이는 음식에도 반영된다. 젊은 사람은 일이 중요하고, 나이 든 사람일수록 사람과 삶이 중요하다. 그러기에 젊을수록 음식은 수단의 의미가 크고 목적의 의미는 작다. 하지만 늙을수록 음식은 목적의 의미가 커지고 수단의 의미가 작아진다. 젊은 사람에게는 컴퓨터 작업이라는 일의 중요성이 에너지와 영양분을 공급해주는 음식보다 크다. 그래서 '면식'을 한다. 면식은 인터넷을 위해 라면과 같은 면류로 끼니를 때우는 일을 가리키는 신어다. 손쉽게 먹을 수 있는 햄버거와 콜라로 때우듯이 먹거나 짜장면을 시켜 후루룩 음식에 대해서는 별 생각 없이 오로지 일을 생각하며 먹는다. 하지만 직장에서도 나이가 좀 든 사람일수록 "천천히 해. 먹는 게 남는 거야. 다 먹고 살자고 하는 일인데. 맛있게 먹고 천천히 합시다." 하고 말한다.

늙은 사람은 음식을 먹는 자체가 삶의 중요한 부분이고 생명을 가꾸어 나간다는 목적이기도 하다는 생각을 한다. 그래서 음식을 소중하게 생각하며 먹는다. 물론 일을 해야 먹고 살 수 있다는 논리에는 다른 논리가 비집고 들어갈 자리가 없다. 하지만 이 논리는 너무 좁다. 전제조건이 오늘의 시간이 계속 존속한다는 것이기 때문이다. 그것은 인간이 마음대로 할 수 있는 것이 아니다. 우리는 보다 겸허하게 이 주어진 시간을 받아들일 필요가 있다. 우리가 모든 것을 다할 수 있다고 할지라도 시간만큼은 우리가 마음대로 할 수 없기 때문이다. 삶에 대한 생각이 달라지면 음식에 대한 생각도 달라질 것이다. 음식은 분명 수단 중 하나이다. 하지만 음식은 우리가 사는 목적이기도 한다. 일하는 목적은 먹기 위한 것이다. 먹는 목적은 살기 위한 것이다. 성경에도 땀흘려 일하지 않으면 땅은 소출을 내지 않을 것이라고 기록되어 있다. 하지만 성경도 일하는 것보다 생명이 더 소중하다는 것을 지적한다. 그러니 음식에 대해서는 젊은 사람보다 늙은 사람의 의견에 귀를 기울이는 것이 좋다.

나이 든 사람에게 음식은 인생의 기쁨을 반추해보는 기회를 제공해준다. 그 기쁨은 회상의 행복이다. 어렸을 때 맛있게 먹었던 음식을 만들어 먹어본다든가 기억에 남는 음식점을 다시 찾아가 먹어보는 것도 큰 기쁨이다. 어떤 경우는 '이렇게 맛없는 것을 어찌 그렇게 맛있게 먹었던가.' 하고 의아하게 생각할 수도 있을 것이고, 어떤 경우는 '그래 바로 이 맛이야.' 하고 무릎을 치면서 옛일을 떠올릴 수도 있을 것이다. 어려서 어머니가 해주신 음식을 부인과 함께 재현해보면서 행복해할 수도 있을 것이다. 나이 든 사람에게 음식은 과거의 행복을 다시 꺼내게 해 또 다른 행복의 시간을 준다.

음식은 나이 든 사람의 삶에 활력을 준다. 물론 음식은 모든 사람의 삶에 활력을 주지만 특히 나이 든 사람은 음식을 통해 공경 받고 있음을 느끼게 된다. 나이 들면 자연히 자신에 대한 자존감이 떨어진다. 이제부터 누구누구의 아버지 어머니, 누구누구의 할아버지 할머니로 자리 매겨지는 변화를 받아들이게 된다. 옛날의 영화는 다 쓸데없고 지금 남은 것은 늙은 사람이라는 사실뿐이다. 이럴 때 누군가 식사 한 끼나 술 한 잔을 대접한다면 늙은 사람의 자존감을 크게 높여줄 것이다. 아직도 나를 알아주는 사람이 존재한다는 생각만으로도 며칠 동안 기쁨에 들떠 있을지도 모른다. 겉으로는 사양하고 불편해하는 모습을 보일지라도 자식이나 후배 등이 찾아와 대접해 주는 음식이야말로 늙은 사람을 과거의 영광으로 한껏 행복하게 만드는 마법의 비결이 된다. 나이 든 사람에게 음식을 대접하라. 그러면 그 사람은 그대의 행복을 위해 아주 진실한 기도를 바칠 것이다. 특히 그분의 친구들에게도 한 끼 식사를 대접하라. 그러면 그 사람은 친구들의 부러움까지 덤으로 받고는 살아 있는 내내 행복해할 것이다.

4. 남자와 여자 그리고 음식

남자가 부엌에 들어가면 고추 떨어진다

어렸을 때는 아버지 밥상, 남자들 밥상, 여자들 밥상, 이렇게 밥상 세 개를 차렸다. 누나들은 나보다 서열이 높았지만 밥상 서열은 낮았다. 그래서 나는 누나들 보란 듯이 뻐기며 먹었다. 나는 철저히 가부장적이고 남성 위주인 가정문화에서 성장하였다. 큰누나는 좋은 대학의 약대에 합격하여 담임선생님까지 아버지를 찾아와 설득했지만 아버지는 "여자가 공부할 필요 없다."며 대학에 못 가게 할 정도였다. 그래도 우리 집은 반찬만큼은 남녀평등 원칙을 지켰다. 어떤 집안은 딸은 그냥 알아서 차려먹으라고 하고 아들에게만 달걀 프라이를 해주었다고 한다. 내가 어려서 가장 자주 들은 말은 "남자는 울면 안 돼!" "부엌에 들어가면 고추 떨어진다." 등 성역할을 강조하는 계명이었다. 그래서 엄마가 안 계시면 누나들에게 당연한 권리 행사인 것처럼 밥 달라고 요구하였고, 설거지는 해본 기억조차 없다.

어렸을 때 늘 함께 소꿉동무 놀이하던 '애리'라는 친구가 기억난다. 우리는 자주 아빠·엄마 놀이를 했고 놀이의 주된 주제는 음식을 준비하고 밥상을 차려 함께 먹는 일이었다. 나는 남편이자 아빠, 애리는 아내이자 엄마였고, 우리는 여보, 당신 하며 정답게 놀았다. 어렸지만 우리는 남자 역할, 여자 역할을 구분하여 지키면서 놀았다. 우리가 노는 곳은 애리네 집 마당 안이었는데, 친구들이 "얼래꼴래, 남자가 여자와 논데요." 하며 질투 반 놀림 반 모래를 던지곤 했다. 그래도 우리는 꿋꿋이 밥과 반찬을 만들면서 놀았다. 그러던 어느 날 애리네 집이 이사를 하게 되었고, 우리는 너무도 슬프게 헤어졌다. 애리도 내 나이일 텐데…… 지금도 그때가 생각난다.

기분파인 아버지 덕분에 어렸을 때 가족 외식을 자주 한 편인데, 단골 메뉴는 불고기와 냉면이었다. 신선로에 불고기를 익혀 먹고 가장자리의 고기국물을 떠서 밥에 비벼 먹고 냉면도 먹었다. 먹고 나면 입가에 기름기가 흘렀고 참 행복했다. 특히 생일, 입학식, 졸업식, 설날, 추석 등 기념일이나 명절에는 꼭 고기를 먹었기 때문에 그런 날이 너무 기다려졌다. 다른 보통날에는 고기 대신 주로 생선을 먹었기에 나는 늘 고기가 그리웠다. 대학 입학 후 과외공부 아르바이트를 했는데, 저녁에 가르치러 가면 늘 학생 어머니께서 쇠고기 국을 끓여주셨다. 국물이 적고 쇠고기가 절반 이상인 국이었다. 늘 고기가 부족했던 나는 너무 감사했다. 그런데 이상한 일은 집에 계신 어머니나 가족들이 생각나 목이 메는 것이었다. 충분히 여럿이 함께 먹을 수 있을 만큼 많은 고기를 나 혼자 먹는 것이 걸렸다. 혼자서 그런 마음으로 먹다보니 고기 맛이 반감되었다. 목이 멘 채 그냥 먹었을 뿐이다.

어렸을 때 소꿉동무 놀이를 좋아했던 나와 달리 아내는 '말타기'를 좋아했고 치마보다 바지를 즐겨 입었다고 한다. 우리가 처음 만났을 때 나는 이런 아내를 몰랐고 아내도 이런 나를 몰랐다. 아마 주어진 성역할에 충실한 모습을 보였을 것이다. 나는 책임감 있는 남편의 모습을, 아내는 현모양처의 모습을. 그래도 우리의 무의식은 서로의 다른 점을 알아보았고 우리는 서로에게 매력을 느꼈다. 그래서 결혼도 했다. 중년이 된 지금, 나는 내 안의 여성성을, 아내는 자신 안의 남성성을 인지하며 살고 있다. 영화를 함께 보러 가면 젊었을 때 안 울던 나는 울고, 젊었을 때 울던 아내는 그냥 담담하다. 나는 집안 청소나 빨래는 물론 어렸을 때나 젊었을 때 손도 대지 않던 밥 짓기, 상 차리고 치우기, 설거지도 한다. 또 간혹 특별 요리도 만든다. 그런데 이상한 일은 음식 먹기만 기쁜 것이 아니라 음식을 만드는 일도 기쁜 일이라는 것이다. 요즘 음식 만들기를 통한 행복의 요소가 하나 더 생겼다.

여자와 남자의 식성 차이는 원시시대부터

각국의 대통령은 대부분 남자이기에 굳이 남대통령이라고 하지 않는다. 하인들도 남자가 많기에 남하인이라는 말을 쓰지 않는다. 사장도 굳이 남사장이라고 하지 않고, 교수나 선생, 의사도 남교수나 남선생, 남의사라고 부르지 않는다. 하지만 여자일 경우 여대통령, 하녀, 여사장, 여교수, 여선생, 여의사라고 한다. 역으로 간호사나 영양사를 여간호사나 여영양사라고 하지 않고, 남자일 경우는 남자 간호사나 남자 영양사라고 한다. 보모는 어떨까? 보모도 여보모라 부르지 않으며, 남자라면 남자 보모라고 할 것 같다. 축구나 권투는 어떨까? 축구나 권투 하면 으레 남자가 하는 경우를 말하고 여자선수가 할 경우 여자 축구나 여자 권투라고 한다. 이런 호칭에는 성역할이 내재되어 있고, 대개 남성 위주이며 경우에 따라 성차별도 포함될 수 있다.

예를 들어 음식을 만드는 사람을 예전에 '솥뚜껑 운전사'나 '부엌데기'라는 불렀던 것은 여성을 부엌이라는 좁은 공간에서 음식을 만드는 작은 존재로 비하한 것으로 볼 수 있다. 하지만 누가 뭐라 해도 음식을 만들고 생명을 존속시키는 힘은 여성에게서 나온다. 인생의 아름다운 추억도 대부분 어머니와 음식에서 비롯된다. 그러니 음식을 만드는 일에서만큼은 여성에게 존경을 표현하는 그런 호칭을 사용하면 좋겠다. 영양사들이 주방에서 일하는 여성들을 부르는 '여사님'이라는 호칭 정도는 되어야 하지 않을까? 주방만큼은 성차별이나 성역할에 따르는 갈등이 없었으면 좋겠다. 이런 관점에서 요즘 젊은 사람들이 결혼하면서 가사를 서로 나누어 부담하는 것은 바람직하다고 본다. 하지만 현실은 아직 녹록하지 않은 듯하다. 한국은 미국, 스웨덴, 일본에 비해 더 높은 수준의 전통적인 가치관과 성역할 태도를 나타내고 있는데, 특히 남성일수록 더 그런 경향을 보인다.[17] 대학생들의 경우도 남자대학생들이 여대생보다 더 전통적인 성역할 태도를 보인다고 한다.[18]

성별에 따라 좋아하는 음식이 다를 수 있다. 여자와 남자의 기본적인 식성 차이는 원시시대부터 존재한다고 말한다. 사냥을 주로 하던 남자들은 자연스럽게 고기를 좋아하고 채집을 주로 하던 여자들은 곡식과 과채류를 좋아한다고 한다. 고기는 남녀 성역할과 권력 구도에 결정적 역할을 하였으며, 이 시기는 대략 구석기 말이나 신석기 초 무렵이라고 한다. 시간이 흐르면서 육식은 남성다운 식사로 굳어간 반면, 여성들은 야채와 과일을 많이 먹게 되었는데, 육류 생산과 소비가 대량화된 오늘날에도 독일 영양연구소의 조사에 의하면 매일 20~25%의 여성이 육식을 하는 데 비해, 남성은 무려 40%가 육식을 한다고 한다.[19] 우리나라 초등학교에서도 남학생이 여학생보다 육식을 더 좋아하고 김치나 채소를 좋아하지 않는 것으로 확인되었다.[20.21] 대학생의 경우도 여학생이 남학생보다 채소와 과일을 더 많이 섭취하는 것으로 나타났다.[22] 보통 뷔페식당에 가면 여자들은 고기도 먹지만 야채 과일 등을 아주 다양하게 먹는데 비해, 남자들은 고기, 생선회 등을 중심으로 먹는 것을 볼 수 있다. 물론 과채류가 건강에 좋다는 것을 알기 때문에 남자들도 이런 종류를 많이 먹으려고 애를 쓰긴 한다만, 남녀의 식성이 다르다는 것은 사실일 듯하다.

여성들은 고기를 좀 먹더라도 여성호르몬의 영향으로 콜레스테롤 수치에 큰 문제가 없다. 하지만 폐경 이후에는 콜레스테롤 수치가 급속하게 상승하여 건강에 적신호가 오기 쉽다. 남자들은 이렇게 급속하게 신체변화가 생기진 않지만 나이 들수록 고기보다 야채를 많이 먹는 경향이 생긴다. 이렇게 식성에 차이가 있는 남자와 여자가 한 가정 안에 살면 조화를 이루기가 어렵다. 양쪽이 다 자기 식성만 고집하면 살기가 아주 힘들어진다. 특히 중년이 되면 더욱 힘들어진다. 왜 그런 것일까?

성별에 따른 남녀의 차이는 생물학적 요소와 사회문화적 요소의 상호작용에 의해 결정된다. 생물학적 특성은 이미 결정되어 있다 할지라도 가족 · 문화 · 사회의 여건에 따라 남녀차이는 달라지고 마침내는 '남성다운' 또는 '여성다운'이라는 집단적 특성을 지니게 된다.[23] 어쨌든 사람은 남성 또는 여성으로 살게 된다. 여장이나 남장을 하더라도 또는 성전환을 하더라도 남성 또는 여성의 정체성을 지니고 사는 것이다. 하지만 남성의 무의식 안에는 여성(아니마, anima)이 있고, 여성의 무의식 안에는 남성(아니무스, animus)이 있다. 나이가 들어가면서 남성의 여성성이나 여성의 남성성이 증가하

면서 통합된 양성성을 지니게 된다. 다시 말해 '남성 지향 가치특성'
과 '여성 지향 가치특성'이 통합되어 있는 성역할 정체성을 양성성
이라 하고, 남성 지향 가치특성 또는 여성 지향 가치특성 가운데 어
느 한쪽 특성만이 두드러지는 유형을 남성성 또는 여성성이라고 하
며, 어느 한쪽도 잘 표현되지 않은 경우를 미분화적이라고 하는데,
적응에 가장 긍정적인 것은 양성성이라고 한다.[24] 특히 중년기 남녀
의 경우 통합된 양성성이 바람직하다.[25]

　남자와 여자의 식성 차이에서 오는 갈등을 최소화하려면 둘 다 따
로따로 음식을 해먹거나 사먹어야 한다. 하지만 공동체는 함께 하는
것이기 때문에 함께 먹기 위해서는 각각 상대방의 식성을 존중해 함
께 하려는 의지가 필요하다. 부부 가운데 한 사람은 침대에서 자는
것을 좋아하고 한 사람은 방바닥에서 자는 것을 좋아한다면, 하루는
침대에서 자고 하루는 방바닥에서 자는 식으로 교대하든가, 침대를
치우든가, 침대를 큰 것으로 사든가 하는 식으로 조절하는 것이 중
요하다. 남자가 산을 좋아하고 여자가 바다를 좋아한다면, 산과 바
다를 동시에 즐길 수 있는 곳으로 휴가를 가든가 올해는 바다, 내년
엔 산, 이런 식으로 조절해야 하지 않겠는가? 음식도 마찬가지다. 식
성과 기호가 다른 남녀가 부부로 산다면 통합적으로 잘 조절해야 행
복할 수 있다.

음식
이데올로기

소주, 맥주…… 그리고 더덕주마저 싱크대에 버리다

아기 때의 나는 설사를 많이 했다고 한다. 음식은 나의 생명 유지에 없어서는 안 되는 필수품이었기에 나는 설사를 하더라도 본능적으로 계속 먹었다. 유아 시절의 나는 단맛이 강한 과자를 골라 먹었고, 단맛의 편애는 강한 쾌락을 주었다. 초등학교 때 미국인들의 구호 물품인 분유, 치즈, 마가린 등이 많았는데, 학교 근처에서 팔던 미제 삼각형 치즈를 야금야금 아껴먹던 것이 기억난다. 중고교 시절 버스 승차권과 바꾸어 토스트를 먹으면 행복해져서 친구와 함께 웃으면서 집까지 걸어갔다. 음식은 분명 쾌락의 원천이었다. 취업한 다음부터는 영양보충이나 보신을 위해 쇠고기나 장어 같은 음식을 먹기 시작했다. 이때부터는 음식에 쾌락의 의미와 보신의 의미가 결합되었다. 나이가 든 지금은 음식을 적게 먹으려 애쓰고 채소나 과일 등 건강에 좋은 음식을 찾고 건강보조식품도 챙겨먹고 있다.

가톨릭신자는 1년에 두 번 단식을 해야 한다. 아침을 안 먹고 출근하면 오전시간이 빨리 지나가므로 그래도 괜찮은 편이다. 깜박하여 아침을 먹고 출근한 날은 점심을 굶게 되는데, 하루 종일 시계를 보면서 저녁식사를 맛있게 먹을 생각에 사로잡혀 보낸다. 종교적인 단식 같은 영성적인 식생활은 참 어렵다. 1년에 두 차례 단식도 힘든 나에게 절주나 단주는 생각도 못 할 일이었다. 술을 좋아하는 나의 경우 절주나 단주에 대한 필요성이나 도덕적 당위성도 전혀 없었다. 그러던 어느 날 하루 이틀도 아니고 6개월 동안 술을 끊는 일생일대의 사건이 생겼다.

어느 날 저녁 작은아들이 만취한 상태에서 스쿠터를 몰다가 그만 뒤집어지는 바람에 다치는 사고가 났다. 다행히 많이 다치지는 않았지만 부모로서 받은 충격은 대단히 컸다. 그때까지 우리 부부는 아들 녀석이 스쿠터를 샀다는 것도 몰랐고 몰래 몰고 다니는 것도 몰랐다. 우리가 알면 분명히 못 타게 할테니까 비밀에 부친 것이었다. 아들이 다친 날 나도 모임이 있어 술 한 잔 하던 중 아내의 급한 연락에 집으로 달려왔는데, 이미 상황은 종료된 뒤였고 젊은 경찰이 아파트 마당에서 경찰차 내부에 묻은 피와 토한 것 등을 닦아내고 있었다. 내가 뒤늦게 나타나 어떻게 된 것이냐고 물으니, 경찰이 아버지냐고 물었고 나는 그렇다고 대답했다. 아주 짧은 순간이었지만 경찰은 불편한 속내를 표정으로 전했다. 경찰은 나이 든 시민에 대해 예의 바르게 말하였지만 입꼬리는 다른 말을 하고 있었다. 아니 그랬다고 나는 느꼈다. '애비나 애나 똑같군.'이라고 말이다. 경찰은 실제로 그런 생각을 안 했을 수도 있다. 나 혼자 자격지심에 그렇게 느꼈을 수도 있다. 아무튼 중요한 것은 내가 몹시 수치스러웠다는 것이다.

며칠 뒤 값비싼 자기공명영상(MRI)까지 찍어보고 나서 아들의 몸에 큰 문제가 없음을 확인한 다음 나는 모종의 결심을 굳게 했다. '술을 끊어야겠다. 내가 술을 마시지 않아야 아들에게 술을 절제하라는 말을 할 수 있다.'는 생각이 들었다. '이번에는 다행히 크게 다치지 않았지만 다음에 이런 일이 반복된다면 더 크게 다치거나 죽을 수도 있지 않겠는가.' 이렇게 생각은 근사했지만 마음은 갈팡질팡했다. '꼭 이런 식으로 해야 하나. 이 좋은 술을 왜 끊어야 하나.' 애주가인 나는 욕구를 끊는 일이 몹시 힘들었다. 그래도 이를 악물었다. 그리고 눈 딱 감고 저질렀다. 아들이 보는 앞에서 집에 있는 술을 주방 싱크대에 버리기 시작했다. 소주, 맥주, 포도주, 위스키…… 마지막으로 더덕주 차례가 되었다. 큰아들이 가져온 더덕주는 이제 반년이 지나 색깔도 아주 좋았고, 뚜껑을 여니 진한 더덕 향이 콧속을 파고들었다. 순간 마음이 휘청거렸다. '이건 약이잖아? 그러니까 이건 버릴 필요 없잖아? 아냐, 그러면 모든 게 헛수고가 되는 거야. 에이 버려! 마저 버려!' 하며 나는 더덕주마저 싱크대에 버렸다. 더덕은 너무 커서 칼로 잘게 썰어 쓰레기통에 처넣었다. 내 일생일대의 술 버리기와 단주 사건은 그렇게 일어났다. 그리고 6개월 동안 난 술을 입에 대지 않았다. 30년 이상의 애주가가 오로지 이성과 의지로 술에 대한 본능적 욕구를 자제한, 고통스러우면서도 한편 자랑스러운 시간이었다. 본능도 나의 본성이지만 이성과 영성도 나의 본성이다.

이성과 영성도 나의 본성이다

인간의 본성은 본능이나 욕구와 같은 자연적 본성과 인간만이 가진 이성적 본성으로 이루어진다.[26] 식욕, 성욕 등의 본능적 욕구는 인간에게도 동물 못지않게 중요하므로 인간의 본성에 포함된다. 생물학적 유사성에도 불구하고 제비나 사자는 철학적인 반성을 할 능력이 없는 반면,[27] 인간의 본성에는 다른 동물과 구별되는 이성과 자율성이 있다. 근대철학에서는 인간 본성의 주요 특징 중의 하나인 이성을 특히 강조하였으며, 현대과학을 바탕으로 한 인간 본성에서는 육체가 영혼에 미치는 영향력을 간과하지 않는다.[28] 한편 인간은 의식과 정신이 있기에 초월의 존재, 영성적 존재로도 이해된다.[29] 프롬의 기본욕구이론에 따르면 인간의 제2의 욕구는 초월에의 욕구이며,[30] 인간의 본성이 영성적이라는 사실은 심리학으로도 뒷받침된다. 칼 융의 분석심리학에 따르면 집단무의식의 원형 속에 있는 자기(self)는 인간정신을 통합하고, 초월성을 지니고 있으며, 개성화 과정을 통해 전인성에 이르게 한다.[31] 또 롤로 메이가 제시하는 인간 특성에는 자유, 개별성, 통합성, 종교적 긴장성이 있는데, 종교적 긴장성은 '있는 자기'와 '있어야 할 자기'의 사이(gap)를 지각할 때 발생하는 것으로서 이 긴장으로부터 종교가 나온다고 보았다.[31] 결론적으로 인간의 본성은 자연성, 이성, 영성으로 이루어진다고 볼 수 있다.

이런 인간 본성의 세 가지 측면(자연성, 이성, 영성)에서 음식에 대한 이데올로기(이념)를 자연성주의, 이성주의, 영성주의로 나누어 볼 수 있다.

음식의 자연성주의는 본능과 욕구에 대한 응답으로서 음식을 먹는 것을 말한다. 식욕과 성욕은 생명을 유지하기 위한 본능적인 욕구다. 비록 생명은 유한하지만 식욕은 유한의 끝까지 가기 위해 필요하고 성욕은 그 유한을 넘어 자손을 남기기 위해 즉 종족보존을 위해 필요하다. 이 욕구를 만족시키면 행복하기에 여기에는 쾌락의 원칙이 적용된다. 예를 들어 아기는 열량과 영양이 부족하게 되면 배고픔과 식욕을 느끼고 식욕을 만족시키기 위해 젖을 달라고 운다. 아기의 식욕은 생명을 유지하기 위한 지극히 당연한 자연적 본성이다. 식욕을 충족시키면 쾌락이 주어지고 아기는 웃거나 놀거나 잠잔다. 리언 래퍼포트는 쾌락의 관점을 중요시하여 음식의 자연성주의를 쾌락주의라고 불렀으며, 감각적 쾌락을 가장 중요한 가치로 본다고 설명하였다.[32]

이런 자연성주의 또는 쾌락주의에 해당하는 음식의 예를 든다면, 한국전쟁 때 포로들이 거제도 수용소에서 먹던 음식, 훈련병들이 군대 훈련소에서 먹는 음식, 한참 성장하는 학창시절 도시락 2개를 다 먹고 밤늦은 시간에 먹는 라면 한 그릇, 직장인들이 저녁식사를 거른 채 일하다가 늦은 시간에 퇴근해 허겁지겁 먹는 늦은 저녁식사 등이 있다. 또한 욕구 차원을 넘어 욕망의 차원에서 음식을 즐기는 맛집 탐방 등도 쾌락주의에 해당한다.

음식의 이성주의는 본능과 욕구를 넘어 합리적인 사고, 과학적 지식을 토대로 음식을 먹는 것을 말한다. 따라서 음식의 합리주의, 과학주의라고 불러도 무방하다. 그 목표는 건강하게 오래 사는 것, 즉 오복의 핵심인 장수(長壽)와 강녕(康寧)이다. 진시황이 찾던 불로초라고도 하는 영지버섯은 항암성분이 들어 있다고 하니 장수와 강녕의 상징이라고 할 수 있다. 장수와 강녕은 현대인들에게도 중요한 목표이다. 건강수명 100세를 기원하는 요즘 무병장수를 위해 고기보다 과채류를 많이 먹고 기왕이면 유기농 과채를 먹고 로컬푸드를 먹고 가능하면 직접 재배해 먹고 건강보조식품을 찾아 먹고 운동을 하며 다이어트를 한다.

1900년대 중반까지는 영양결핍에 따른 질병예방에 초점을 두었으나 현재는 과잉섭취에 따른 만성질환 예방을 위해 적정섭취에 관심을 둔다. 리언 래퍼포트는 건강의 관점을 중요시하여 음식의 이성주의를 건강과 영양가치를 강조하는 이념인 보신주의라고 불렀으며, 종종 쾌락주의와 보신주의는 함께 한다고 설명하였다.[32] 이런 이성주의 또는 보신주의에 해당하는 음식의 예로서 흑염소중탕을 들

수 있는데, CLA(conjugated linoleic acid, 공액리놀레산)라고 하는 항암성분이 많이 들어 있다.[33] 어렸을 때 흑염소를 여러 마리 끌고 다니면서 파는 것을 본 기억이 있다, 지금은 상업적으로 제조한 흑염소 중탕을 팩에 담아 먹지만 냉장고가 보급되지 않았던 그 시절에는 상하지 않도록 계속 끓여 가며 먹었던 보신주의의 대표적 음식이다.

음식의 영성주의는 본능과 욕구는 물론, 합리적인 사고, 과학적 지식마저 넘어 음식을 먹는 것을 말한다. 리언 래퍼포트는 이를 도덕이나 형이상학적 가치를 지향하는 영성주의라고 불렀으며, 유대인과 무슬림이 돼지고기를 먹지 않는 것은 종교적 이념에 해당하는 영성주의이고, 미국인이 개고기를 먹지 않는 것은 부도덕하다고 여기는 영성주의 때문이라고 설명하였다.[32] 영성주의로 인해 음식에 대한 욕구나 생각을 조절할 수 있다. 값비싸고 사치스러운 음식을 먹는다든가 음식에 중독된 것처럼 먹는 것이 아니라, 아주 단순하고 조촐한 상차림에 필요에 따라 절식도 하면서, 자신의 몸과 영혼의 상태를 최고조로 유지하고자 하는 것이 영성주의이다. 더욱이 아낀 돈으로 남을 돕는다든가 공정무역이나 로컬푸드 활성화에 도움을 준다든가 좋은 먹을거리 운동을 실천한다면 영성주의야말로 가장 바람직한 이념이라고 볼 수 있다.

07

욕구의 5단계와
음식의 기여

모래 묻은 라면과 급성맹장염 수술

매슬로는 음식에 대한 욕구를 가장 하위의 욕구인 생리적 욕구로 분류한다. 나는 매슬로가 말하는 가장 상위의 욕구인 자아실현의 욕구를 어느 정도 채웠고 오늘도 보다 나은 강의를 하기 위해 최선을 다하고 연구의 방향도 내가 학사, 석사, 박사 학위를 받은 식품공학이라는 나의 원래 분야에서 방향을 틀어 음식윤리라는 분야를 개척해 나가고 있다. 그런데 이런 나도 어쩌다 한 끼를 안 먹거나 못 먹게 되면 강의를 마치고 얼른 간식이라도 먹어야지 하는 생각에 사로잡힌다. 속담에 '사흘 굶어 아니 날 생각 없다.'고 했는데 한 끼밖에 굶지 않았는데도 그런 날은 하루 종일 식욕의 외침에 시달린다. 그래서 매슬로는 자아실현을 했다고 해도 배고픔 같은 하위 욕구에 덜 시달릴 뿐, 욕구로부터 벗어날 수 있는 것은 아니라고 말했나 보다. 속담에 '수염이 대자라도 먹어야 양반.'이라고 하지 않았는가?

중학교 2학년 때의 일이다. 그 당시는 워커힐호텔 맞은편 한강변이 시민들이 텐트 치고 놀던 모래사장이었다. 나와 내 친구는 온종일 수영하며 놀다가 배가 너무 고파 유일하게 남은 식량인 라면 2개를 끓였다. 라면은 맛있게 끓였는데, 아뿔싸 냄비를 들다가 그만 모래바닥에 쏟았다. 우리는 낭패한 표정으로 서로를 쳐다보았다. 친구는 먹지 않겠다고 욕구를 다스렸지만, 너무 배고팠던 나는 모래 묻은 라면이나마 물에 씻어 먹기로 결심했다. 그래서 최대한 모래를 찬물에 헹구어 내면서 배부르게 먹었고 행복했다. 친구는 내가 먹는 것을 보고는 좀 아쉬워하는 표정을 지었지만 정작 크게 후회한 것은 나였다.

다음 날 새벽 너무 배가 아파 허리를 꼬부린 채로 간신히 일어났다. 학교에 가려고 나갔다가 도저히 허리를 펼 수가 없어 등교를 포기하고 집으로 돌아왔다. 어머니는 반은 꾀병이라고 생각했는지 사이다 한 병 사주고 내버려두었다. 학교를 쉬어서 좋았지만 이상하게 온종일 배가 아팠다. 오후 늦게 아버지와 함께 병원에 갔는데 의사는 터지기 일보 직전의 급성맹장염이니 빨리 수술을 해야 한다고 하였다. '아아, 이런, 모래 묻은 라면?' 그랬다. 맹장염의 원인은 그 라면이었다. 나는 부모님께 이 사실을 밝힐 수 없었다. 수술을 하고 일주일 정도 입원까지 하게 된 이유는 생리적 욕구의 만족을 위해 안전의 욕구를 무시했기 때문이었다. '콩 심은 데 콩 나고 팥 심은 데 팥 난다.'고 하더니…… 이랬던 내가 식품공학을 전공하고 대학 식품영양학과에서 식품위생학을 가르치고 있다.

우리 학교 교수 열댓 명이 한 학기에 두세 번 모이는 모임이 있다. 모임의 이름은 '개 혀?' 이 말은 충청도 말로 '보신탕 드시나요?'이다. 그렇다. 우리는 모여서 보신탕을 먹는다. 나처럼 보신탕을 즐기지 않는 사람도 있지만 그냥 함께 한다. 아마 "쯧쯧쯧, 교수들이 보신탕이나 먹고……" 할 사람도 있으리라 본다. 우리는 편안하게 먹으면서 이야기하고 편안하게 이야기하면서 먹는다. 다른 사람들처럼 세상 이야기도 하고 학교와 교육, 그리고 연구 이야기도 하고 인생 이야기도 한다. 우리는 이 모임을 통해 깊은 소속감을 느낀다. 상투적이고 딱딱한 회의가 아닌, 그런다고 무의미하게 웃다가 헤어지는 것도 아닌, 전공도 다양하면서 나름 의미를 느낄 수 있는 속함의 느낌이 우리를 편안하게 한다. 대학과 같이 자신만의 공간에 머무르기 쉬운 곳에서는 밥을 함께 먹는 것이 참 중요하다. 일반 직장과 달리 혼자 먹는다고 뭐라고 할 사람도 없는 곳이 대학이다. 그러기에 함께 밥을 먹는다는 것은 대단히 의미 있는 일이다.

초등학교 때 어머니는 참 특별한 교육을 내게 하셨다. 직접 내게 말하는 식으로 칭찬하지 않고, 배우가 무대에서 관객에게 방백(傍白)을 하듯 나를 칭찬하셨다. "저것 좀 봐요, 우리 아들 얼마나 잘 먹어요. 저것 좀 봐요, 우리 아들 아픈데도 얼마나 잘 일어나요. 저것 좀 봐요, 우리 아들 글을 얼마나 잘 읽어요. 저것 좀 봐요, 우리 아들 심부름 얼마나 잘 해요. 저것 좀 봐요, 우리 아들 숙제를 얼마나 열심히 해요." 그러면 나는 얼결에 자동인형처럼 어머니가 말씀하신 대로 하고 있었다. 그래서 그런지 나는 아무리 아파도 식욕을 잃는 법이 없다. 아프면 아플수록 낫기 위해 더 열심히 먹는다. 이 모든 것이 어머니께서 나를 개별적이 아니라 공개적으로 인정해주셨기 때문이라는 생각이 든다.

초등학교 4학년 담임선생님은 늘 머릿속에 떠오르는 분이다. 가난한 학생이었던 나에게 음으로 양으로 참 잘 해준 분이었다. 봄 소풍을 가지 못했는데, 소풍 다음 날 전교 글짓기 대회가 있었다. 나는 꾸며서 쓸 수도 없고 해서 '엄마가 준 돈으로 과자를 사먹으면서 동생을 등에 업고 친구들하고 놀았다. 그런데 슬퍼서 과자가 자꾸 목에 멨다.'라고 썼다. 그 글이 전교 1등이 되었다. 아마 선생님께서 강력하게 추천했을지도 모르겠다. 나는 그날 이후 선생님이 되겠다고 결심했다. 특히 우리 담임선생님처럼 착한 선생님, 글 쓰는 선생님이 되겠다고 결심했다. 나의 자기실현의 동기는 착한 담임선생님과 목이 멘 과자였다.

사람이 빵만으로 살 수 없다

매슬로는 인간의 욕구를 5단계로 분류하였는데, 하위 단계의 욕구부터 충족되어야 그 다음 단계의 욕구로 이동하며, 낮은 단계의 욕구가 충족되지 못할 때에는 다시 하위 단계의 욕구가 우세해질 수 있다고 한다.[34] 각 단계별 욕구는 독립적이지만, 동시에 나타날 수도 있고, 그 어떤 욕구도 완벽하게 충족되지는 않는다. '금강산도 식후경.' '사람이 빵만으로 살 것이 아니다.'라는 말처럼 인간은 하위단계를 충족시킨다고 해서 그 단계에 머물러 있는 것이 아니다. 인간의 본질적인 욕구는 자기 존재 가치의 실현이며 이러한 긍정적인 에너지가 인간을 온전하게 형성해 간다.

매슬로가 정의한 인간 욕구의 단계는 생리적 욕구, 안전에 대한 욕구, 소속감에 대한 욕구, 자존에 대한 욕구, 자기실현의 욕구이다. 생리적 욕구로부터 자존에 대한 욕구까지는 결핍욕구, 자기실현 욕구는 존재욕구라고 부른다. 존재욕구는 채우면 채울수록 줄어들기는커녕 오히려 더 강해진다. 지존의 음악가는 모든 부와 명성을 얻은 후에도 더 완벽한 연주를 위한 노력을 포기하지 않는 법이다.

자기실현 욕구는 자신의 잠재력을 달성하려는 개인의 욕망을 말한다. 사람들의 자기실현의 욕구의 원천은 어린 시절에 형성되는 경우가 많다. 예를 들어 담임선생님이 맛있는 것을 사주시며 격려해줄 때 선생님같이 훌륭한 교사가 되겠다고 다짐할 수 있다. 신부님이나 목사님이 가난한 집에 찾아와 쌀을 주고 가며 머리를 쓰다듬어주는 것만으로도 신부님이나 목사님처럼 훌륭한 성직자가 되겠다고 목표를 정할 수 있다. 빵은 단순히 빵에 머물 수도 있지만, 가장 중요한 존재욕구인 자기실현의 욕구의 원동력이 될 수 있다. 자기실현의 욕구는 삶의 참 행복과 가장 관계가 깊다. 이 욕구를 충족시키는 삶을 사는 사람은 다른 욕구에 대한 집착에서 어느 정도 자유로워지며, 음식에 대한 욕구로부터도 많이 자유로워질 수 있다. 일상을 즐기되 탐하지 않는 태도는 음식에 대해서도 바람직하다고 생각된다.

2부

세상과 음식

세상을 돌아가게 하는 원동력

사람은 싫든 좋든 공동체에 속해 산다

어린 시절 기억 가운데 가장 강렬하게 남아 있는 모습이 있다. 부산에서 서울로 이사 온 다섯 살 때 동네 여기저기를 구경하던 어린 내 모습이다. '야, 여기가 서울이구나.' 하면서 난 약간 긴장한 모습으로 무언가를 어린 가슴에 새겼다. 그 무언가는 '이곳이 내가 살아야 할 세상'이라는 비감함이었다. 그렇다. 세상이었다. 비록 어린 나이이지만 내가 느낀 것은 분명히 현실감 있는 세상이었다. 나는 그 세상에서 욕 잘하고 쌈 잘하는 아이들과 함께 공터에서 탄피를 주우며 놀았다. 노는 데에 정신이 팔려 밥 먹으라고 엄마가 소리를 지르셔야 마지못해 집에 들어갔고 들어가서도 얼른 먹고 다시 나가놀 궁리만 했다. 세상은 어린 나에게 긴장감도 주었지만 기쁨과 행복도 주

1. 세상을 돌아가게 하는 원동력

97

는 곳이었다.

다음 해에 초등학교에 입학하였다. 반바지와 셔츠의 단정한 차림에, 앞가슴에는 흰 손수건을 달고, 등에 새 가방을 메고, 엄마 손을 잡고, 기대 반, 두려움 반, 그렇게 입학식장에 서 있었다. 긴장한 모습으로 자꾸만 엄마를 돌아보았고 엄마는 그럴 때마다 걱정 말라는 표정으로 웃어주셨다. 1월생이라 동년배보다 빠른 입학, 이렇게 세상은 반 박자 빠르게 내게 다가왔다. 다행히 그 세상은 빈 세상이 아니라 새로운 친구들의 공동체가 들어 있는 세상이었다. 함께 놀고 함께 숙제하고 함께 혼나고 함께 떠들던 아이들. 세상은 두려워하는 나에게 공동체와 소속감과 그리고 행복감을 주었다. 한편 실향민의 아들로서 학교에서는 표준말을 하고 집에서는 사투리를 쓰던 나는 점점 사투리가 싫어졌고 안 쓰다보니 결국 다 잊어버렸다. 실향민이라는 부모님의 공동체는 어린 시절에 이미 사라져버렸다.

중학교 입학시험이 있던 날 큰누나와 함께 시험장에 갔는데 아뿔싸 지각을 했다. 나는 사람들의 격려의 박수를 받으며 교실까지 헐떡거리며 뛰어갔고 정신없이 시험을 쳤다. 그 시험은 '무즙 사건'이라는 유명한 입시였는데, 나는 '디아스타제' 대신 '무즙'을 정답으로 골랐고, 결과는 낙방이었다. 세상은 어린 나에게 결코 녹록하지 않았다. '이 나이에 공장에 들어가야 하나?' 후기입시를 치를 때에는 아버지와 어머니께서 시험장에 오셨는데, 난 체력검사에서 1점이라도 더 받으려고 내복차림으로 달리기 시험을 치렀고, 턱걸이도 만점을 받았다. 어린 마음에도 아바의 노래 〈승자가 모든 것을 차지해(The winner takes it all)〉가 들렸을까? 세상은 정말 만만치 않았지만 절절한 마음이 있어 합격할 수 있었다.

중학교와 고등학교까지 6년을 다니면서 친구들과 술도 마셔봤고 담배도 피워봤다. 재수생일 때 불안한 미래와 애매한 소속감 때문에 마음의 안정을 찾기 힘들었지만 운이 좋아 대학에 입학하였다. 2학년을 마치고 휴학을 했는데 아뿔싸 입영통지서가 나왔다. 비록 고도근시로 현역보다 훨씬 쉬운 방위소집이었지만 훈련소에서 머리를 깎으면서 거부할 수 없는 '국가'라는 공동체에 속해 있음을 뼈저리게 느꼈다.

복학 후 전공에 맞춰 취업하면서 인생의 배는 파도가 높은 먼 바다로 들어섰고, 내 앞에는 정말 거친 세상이 자신의 진면목을 드러내며 기다리고 있었다. 가정이 세상공동체의 중심점이라면 직장은 관계라는 동심원의 가장 먼 바깥에 있는 공동체였다. '돈 벌어 먹고 산다.'는 것은 엄연한 현실이었고, 그 현실 세상에서 만나는 사람들은 가장 결속력이 약한 느슨한 공동체를 이루고 있었으며, 여차하면 가차 없이 공동체를 떠나야 하는 위험성도 상존하였다. 서른에 결혼한 후 자식들이 생기면서 진한 속함의 가정공동체를 이루었고, 그 안에서 평화와 안정감을 되찾았으며, 세파가 험하더라도 살아갈 수 있는 에너지를 얻게 되었다. 얼마 전 서른 살이 된 큰아이가 결혼을 하면서 분가했다. 만약 손자가 생기면 3대가 이 세상에 함께 존재하게 되겠지. 세상은 공동체로 이루어져 있고 사람은 싫든 좋든 공동체에 속해 산다. 공동체는 사람에게 생명과 힘을 주고 결과적으로 세상을 돌아가게 하는 원동력이 된다. 공동체가 없다면 세상은 정말 살기 힘든 곳이 아닐까.

개인과 공동체의 행복

세상은 사람이 사는 사회다. 생명의 시작과 마침을 '세상에 태어나다' '세상을 떠나다'라는 말로 표현하는 것을 보면 세상은 생명이 살아가는 중심지라는 것을 알 수 있다.

'아버지 날 낳으시고, 어머니 날 기르시니' 사람은 세상에 태어나면서 가정의 일원이 되고, 또 가정의 일원으로 죽는다. 요즈음은 대부분 병원에서 태어나고 죽지만 그 곁에는 가족이 함께 하는 법. 심지어 예수의 탄생과 죽음도 마구간과 십자가에서 일어난 일이었지만 그 곁에는 가족이 있지 않았는가. 가정은 아버지와 어머니, 형제자매 등 가족으로 이루어진 가장 기본적인 공동체이다.

공동체란 인적으로 결합된 단체다. 사람은 개인이면서 가정공동체의 일원이고 지역공동체, 사회공동체, 국가공동체의 일원도 된다. 학교에 다니면 학교공동체에 속하고, 직장에 다니면 직장공동체에 속하며, 군대에 가면 군인공동체에 속한다. '고향'이 있는 사람들은 명절 때 지역공동체의 음식과 문화, 즉 '뿌리'를 느끼게 된다. 군대에 가거나 해외 이민을 가면 국가공동체의 존재를 강하게 느끼게 된다.

최근의 세계화 과정에서는 세계공동체의 일원이기도 하다. 사람은 본질적으로 개별성과 사회성을 지닌 존재로서 공동체에 속해 살게 되며 싫든 좋든 공동체의 영향을 받게 된다.

자유주의의 관점에서 보면 사회와 집단은 개인의 자유를 보장하기 위해 존재한다. 자유주의는 '자율성'의 개념, 즉 모든 개인은 스스로 의사와 행위를 결정할 수 있는 권리와 능력을 지니고 있으며, 각 개인은 다른 사람이 추구하는 가치를 탓하거나, 자신이 추구하는 가치를 다른 사람에게 강요할 수 없다는 신념에서 출발한다. 그러므로 자유주의에서의 규범은 개인들 사이의 이해갈등을 예방하고 조정하는 '최소도덕'에 한정된다. 공동체의 선이나 가치에 대한 요구는 타율적이기에 개인의 자율성을 침해하는 것으로 간주된다. 하지만 자유주의의 딜레마는 함께 살아가는 공동체의 근거를 약화시킬 수 있다는 것이다.

여기에 반해 공동체주의는 공공선과 개인의 시민성 강화를 중심으로 하는 이념으로서 자유주의의 문제점을 보완한다.[35] 공동체주의도 자유주의가 추구하는 '옳음'의 가치와 자율성을 수용하지 않을 수 없으며, 개인의 이기심을 무턱대고 배척할 수 없다. 현대사회에서 공동체주의의 자유주의적 가치 수용은 이상적인 공동체를 구상하고 건설하는 데에 반드시 필요하다.[36]

개인이 행복하면 공동체도 행복한가? 역으로 공동체가 행복하면 개인도 행복한가? 아버지가 직장에서 진급을 하면 대부분의 경우 가족은 행복하다. 용돈이 오를 수도 있고 다른 식구들이 기뻐하니 좋은 느낌으로 살 수 있다. 오랫동안 함께 독신으로 지내던 동생이 결혼한다면 형은 행복할까? 부모님이 결혼 생각도 없는 형에게 "넌 왜 결혼하지 않니?" 볼 때마다 채근한다면 행복하지 않을 것이다. 이번엔 형이 고시에 붙었다고 하자. 이 경우도 가족 대부분이 행복하다고 볼 수 있다. 하지만 만약 이로 인해 동생이 자신도 없고 원치도 않는 고시 공부를 강요받는다면 행복하지 않을 수 있다.

공동체가 행복하다고 공동체의 구성원 모두가 행복하다고 단언할 수 없다. 이번엔 근무하는 회사가 엄청난 수익을 얻었다고 하자. 회사 대표는 싱글벙글 기쁨을 감추지 못하고, 사원들 역시 상여금 때문에 행복할 수 있다. 만약 회사가 상여금은커녕 오히려 임금을 동결한다고 발표한다면 사원들은 행복하지 않을 것이다. 공동체가 행복하면 많은 경우 구성원도 행복하지만 반드시 그런 것은 아니다. 또 개인이 행복하면 공동체도 많은 경우 행복하지만 반드시 그렇지는 않다. 이런 사실은 공동체주의자이건 자유주의자이건 꼭 알아둘 필요가 있다. 특히 이 행복이 윤리와 관계된다면 공동체의 윤리와 개인의 윤리 사이에는 갈등이 있을 수 있다.

진정한 자유는 공적인 가치와 조화를 이루어야 한다. 즉, 개인이 사적인 행복뿐만 아니라 사회를 위해서도 적극적으로 자유를 향유할 때 자유는 진정한 의미를 갖게 되며 그제야 비로소 자유의 참모습이 완성된다. 우리 사회의 여러 가지 문제는 자유에 대한 왜곡된

인식, 지나친 이익추구와 물질적 탐욕, 그리고 공공정신의 소멸에서 비롯된다.[37]

한국의 전통적 공동체 구성원리는 인간주의, 연고주의, 도덕주의이다. 여기서 인간주의는 인간관계를 중심으로 하는 것으로서, 인간의 주체성을 강조하는 서구의 인간주의(humanism)와는 다르다. 연고주의는 철저한 현세 중심적 가치관으로서 현세주의 문화의 영향을 받아 형성되었다. 도덕주의는 삼강오륜이나 충과 효와 같은 유교적 명분 위주로서 인간의 내적 욕구를 억제하고 사회윤리를 중시하는 윤리적 실천주의로 발전하였다. 개인보다는 집단의 가치와 질서와 체면을 우선시하던 전통적 규범을 대신하여 그 자리에 들어선 것은 개인주의나 자유주의가 아니라, 타인의 존엄성을 고려하지 않고 자신의 물질적 이익만을 추구하는, 물질만능의 이기주의다.

이러한 혼란 속에서도 1990년대 이후 우리사회는 여러 가지 새로운 공동체운동을 시도하고 있다.[38] 예를 들면 환경운동, 귀농운동, 도농공동체운동, 대안교육운동이 있는데, 이런 운동을 지역에서 구체적으로 실현하려면 공동체성이 필요하다.[39] 한편, 세계화로 인해 생기는 지구공동체의 다양한 문제들이 국경을 넘어 국가공동체의 근본적 변화와 세계윤리의 수립을 요구하고 있다.[40]

공동체에게
음식은 무엇인가

미숫가루파 대 반 미숫가루파

나에게는 같은 중고등학교를 졸업한 여섯 명의 친구가 있는데, 그
중 다섯 명이 대학시절 어느 여름방학 때 설악산으로 등산을 갔다.
내설악의 12선녀탕 계곡으로부터, 대승령고개, 흑선동계곡, 수렴동
계곡, 구곡담계곡(및 가야동계곡), 봉정암, 대청봉, 천불동계곡, 비선
대를 거치는 긴 코스였다. 설악산은 다들 처음 가는 곳이었기에 경
험 많은 산악인을 형으로 둔 친구가 자연스럽게 등반대장이 되었다.
군용워커를 신고, 까맣게 물들인 군복을 입고, 군용A텐트, 군용담
요, 쌀 보름치, 밑반찬 등을 가득 채운 배낭을 나누어 지고, 그 더운
여름에 땀을 흘리는 등산은 참 힘겨운 일이었다. 지금처럼 등산로가
잘 다듬어지지 않았기에 길을 잃지 않으려면 곳곳에 붙어 있는 매듭

이나 리본에 의지하여 계곡을 가로지르며 건너는 일을 반복해야 했다. 시간을 아끼기 위해 아침밥을 먹으면서 점심밥까지 지어 뜨뜻한 코펠을 배낭에 매고 올라야 했는데 코펠 크기가 작아서 늘 배고팠다. 지금 생각해도 너무 힘든 산행이었다.

12선녀탕 계곡을 무사히 통과한 우리는 대승령을 넘어 흑선동계곡에서 점심을 먹게 되었다. 그때 미숫가루를 가져온 친구가 점심밥이 부족해 배가 고프니 미숫가루를 먹자고 했다. 등반대장은 지금은 비상상황이 아니니 비상식량인 미숫가루를 먹으면 안 된다고 딴죽을 걸었다. 울컥 화가 난 친구는 이렇게 지쳐서 힘든 때가 비상상황이며 그 미숫가루는 자기가 가져왔으니 자기 것이라고 주장했다. 다들 지치고 힘들어서 그렇게 예민한 반응을 보였을 것이다. 등반대장에게는 비상상황 여부가 중요했지만 미숫가루 친구에게는 힘들고 배고픈 것이 더 중요했다. 기어코 그 친구는 미숫가루를 꺼내 먹었고, 우리 공동체는 미숫가루파 세 명과 반 미숫가루파 두 명으로 금이 갔다.

아무리 다퉜다 해도 이미 깊은 산중인지라 돌아갈 수도 없었고 기왕에 설악산에 왔으니 대청봉은 올라가야 했다. 그래서 계속 함께 등산은 했지만 심적으로 상처가 커 이미 반 이상 깨진 상태였나 보다. 수렴동 계곡에서 일박을 하고 아침밥을 먹고 출발하였는데 그때 점심밥은 내 배낭에 들어 있었다. 오늘 숙박할 곳은 봉정암이었다. 봉정암 가는 길은 두 가지였는데, 하나는 가야동계곡, 또 하나는 구곡담계곡이었고, 등반대장은 가야동계곡을 거쳐 가자고 했단다. 가다보니 등산로에 사람이 많아졌고 미숫가루 친구와 나는 다른 친구들보다 한참 먼저 앞서가면서 구곡담으로 간다고 땅바닥에 화살표를 그리고는 쌍폭까지 올라갔다. 그 화살표는 등산객들의 무수히 많은 신발에 밟혀 아마 깡그리 지워졌을 것이다. 그러니 아무리 기다려도 나머지 친구들이 오지 않았다. 그 친구들은 가야동계곡 쪽으로 갔던 것이었다. 우리 둘은 쌍폭에서 반찬도 없이 맨밥을 먹고 오랫동안 기다렸다. 하지만 나머지 친구들은 오지 않았다. 그래서 할 수 없이 봉정암까지 내친김에 계속 올라가 짐을 풀고 기다렸다. 아무리 기다려도 친구들이 오지 않자 나는 봉정암에 머물고 미숫가루 친구는 친구들을 찾겠다며 내려갔다. 그러다가 우리를 찾으러 올라오는 친구를 만났고 급기야 우리는 뒤늦게 다시 한 팀이 되었다. 쓸데없이 하루를 더 자고 나서야. 아무튼 무척 반가웠다.

하지만 이미 금간 도자기였나? 우리 등반대는 외설악 신흥사를 거쳐 속초로 내려온 다음, 등반대장과 한 명의 친구는 울릉도로 간다고 떠났고, 미숫가루 친구와 나 그리고 또 한 친구는 부산으로 간다고 헤어졌다. 두 쪽이 난 것이다. 아직도 우리 친구들은 몇 년에 한두 번은 이 이야기를 하며 서로 옳다고 말다툼한다. 그때의 우리는 광야의 이스라엘 민족처럼 가야만 하는 공동체였나? 아니면 단순히 산을 즐기는 단체였나? 미숫가루는 광야에 내린 만나처럼 공공재였나? 아니면 사유재였나? 공공재라면 등반대장이 옳고, 사유재라면 미숫가루 친구가 옳다. 준공공재라면? 옳은 사람도 없고 옳지 않은 사람도 없다. 그냥 배고프고 힘들어서 다툰 것이다. 등산을 마치고 돌아올 때 비상식량을 도로 가져오는 경우가 많다. 비상식량인 미숫가루를 먹고도 등반에 성공하였으니 그때의 상황은 비상상황이 아니었나? 만약 조난당했다면 그 미숫가루는 진짜 비상식량이었을까? 정답은 없다. 그런 상황이 다시 온다면 또 다툴지도 모르는 일이고.

유학을 갔을 때의 일이다. 나는 가족과 함께 버카이 빌리지라는 기혼자숙소에서 살았는데, 가족마다 아래층에는 거실과 주방이 있고 이층에는 침실이 두 개 있는 복층의 투베드룸을 배정받았다. 아이들이 아무리 뛰어 놀아도 층간소음 걱정도 없었고, 학교 안이라 안전한데다가 앞뒤로 넓은 잔디밭에서 아이들과 토끼와 다람쥐가 함께 뛰노는 천국과 같은 곳이었다. 한국 유학생 가족들은 어떤 차이나 차별도 느끼지 않고 아주 편안한 마음으로 함께 살았다.

한국의 아파트 생활이었다면 꿈도 꾸지 못했을 평등과 평화의 단출한 생활공동체였다. 공동체 전체 때문에 개인이나 가족이 희생할 일도 없었고 자발적으로 기쁘게 음식을 한 접시씩 해 와서 함께 나누어 먹으며 편안하게 지냈다. 공부라는 공통된 목적을 달성하기 위해 각 개인이 노력하면서 서로의 노고를 위로하던 느슨하면서도 행복한 공동체였다. 논문심사에 통과하면 이스라엘 민족이 홍해바다를 건넌 것처럼 기뻐했고, 기쁨을 함께 하기 위해 맥주와 안주를 조금씩 나누어 준비해서 함께 먹고 마시고 노래 부르며 즐겼다.

만나와 메추라기, 매머드 사냥

공동체에게 음식은 무엇인가? 구약성경에 보면 이스라엘 공동체는 이집트를 나온 뒤 생명을 유지하기 힘든 광야에서 목마름과 배고픔을 호소하면서 마실 물과 먹을 것 그리고 고기를 달라고 요구했다. 모세가 지팡이로 바위를 치니 마실 물이 터져 나왔고(탈출기 17장; 민수기 20장), 먹을거리로 사십 년 동안 만나를 먹었으며(탈출기 16장), 고기로는 메추라기를 충분히 먹었다(탈출기 16장; 민수기 11장). 만나는 하얗고 맛이 달았으며, 뜨거우면 녹았다는 것으로 보아 당이 많은 탄수화물 식품이면서 미네랄과 비타민도 들어 있으리라 추측되고, 메추라기로부터는 단백질과 지질을 보충하였을 것이다. 이렇게 물, 만나, 메추라기 고기는 공동체와 그 구성원의 생명을 유지해주었다.

　만나는 이스라엘 공동체가 어떤 차별도 없이 평등하게 나누어 먹은 음식이었다. 많이 거둔 자도 남음이 없었고 적게 거둔 자도 부족함이 없었다. 남지도 모자라지도 않은, 낭비와 부족이 없는 면에서 이스라엘 공동체는 정의와 공평을 실현한 공동체였다.[41] 또한 물, 만나, 메추라기 고기 모두 무료로, 공동체의 모든 사람에게, 충분한 양이 주어졌다. 이는 성경 구절로부터 알 수 있다. '모세가 손을 들어 지팡이로 그 바위를 두 번 치자, 많은 물이 터져 나왔다. 공동체와 그들의 가축이 물을 마셨다.'(민수기 20:11) '그들은 아침마다, 제가 먹을 만큼만 (만나를) 거두어들였다. 해가 뜨거워지면 그것은 녹아 버렸다.'(탈출기 16:21) '백성은 일어나 그날 온종일 밤새도록, 그리고 이튿날도 온종일 메추라기를 모았는데, 적게 거둔 사람이 열 호메르를 모았다. 그들은 그것들을 진영 둘레에 널어놓았다.'(민수기 11:32)

공공재는 공공기관을 통해 공급되는 재화로서, 시장을 통하여 공급하기 어려운 공익성을 띤 재화를 말한다.[42] 이스라엘 민족이 광야에서 먹고 마신 물, 만나, 메추라기는 충분한 양이 무료로 주어졌기에 공동체 구성원 사이에 경합할 필요 없이 먹고 마실 수 있었고, 공동체의 어느 구성원도 빼놓지 않고 먹고 마셨기에 공공재임에 틀림없다. 다시 말해 이 세 가지는 광야생활에서 공동체와 그 구성원 모두가 생명을 유지하고 생존하기 위한 공공재였다.

초기인류의 경우 매머드 사냥은 협동으로 이루어졌고, 매머드의 덩치로 보아 고기를 나눠 먹을 수밖에 없었기에 사냥한 매머드는 근본적으로 공유재산이었다.[43] 인류생활 초기단계에서 음식은 공공재였다. 그러나 오늘날에는 생필품이라는 이름으로 시장에서 팔리는 사적 재화가 되었다. 역사적으로 볼 때 초기인류가 농업을 채택하고 한곳에 정착하면서부터 잉여식량의 축적을 통해 사유재산이 생겼고 부자와 빈자, 지배자와 농민으로 나뉘게 되었다.[44]

이스라엘 공동체도 같은 길을 밟았을 것이다. 성경 구절을 보면 잘 알 수 있다. '이스라엘 자손들은 정착지에 다다를 때까지 사십 년 동안 만나를 먹었다. 가나안 땅 경계에 다다를 때까지 그들은 만나를 먹었던 것이다.'(탈출기 16:35) '그들이 그 땅의 소출을 먹은 다음 날 만나가 멎었다. 그리고 더 이상은 이스라엘 자손들에게 만나가 내리지 않았다. 그들은 그해에 가나안 땅에서 난 것을 먹었다.'(여호수아기 5:12)

'생명 살리기'라는 음식의 의의와 역할은 달라지지 않았지만 사유화로 인해 음식은 공공재에서 사유재로 형태가 바뀌게 되었다. 다시 말해 음식은 공공재로서의 본질은 변하지 않고 형태만 사유재로 전환되었다. 따라서 음식이 본래 공공재였던 이유, 즉 인류의 생명 유지를 망각한다면, 사유재로 전환된 것이 독으로 작용할 수 있다. 만나를 더 차지하려고(사유화) 욕심을 냈던 경우 만나에 벌레가 들끓고 냄새가 났다는 것처럼.

대동강 물을 팔아먹었다는 봉이 김선달 이야기가 유명한 이유는 당연히 공공재인 물을 사유재인 양 팔았다는 사실 때문이다. 하지만 오늘날 물은 생수병에 담겨 엄연히 팔리고 있지 않은가. 제주도 지하수의 공공재 여부에 대해서도 여러 가지 의견이 있다. 생태학적으로 건강하고 문화적으로 수용 가능한 지속적인 환경발전을 위해서는 제주의 물에 공공재 개념을 도입하되 지하수뿐만 아니라 지하수를 개발하는 과정에도 도입하는 것이 타당하다는 의견이 있다.[45] 또 제주도 지자체 스스로 물의 상품화를 추구하는 모순과, 관광호텔,

골프장, 농업보다 훨씬 더 적게 사용하는 먹는 물에만 공공재 개념을 적용하는 것은 모순이라고 지적하는 의견도 있다.[46]

어쨌든 물과 음식이 공공재이건 사유재이건 공공재적인 본질을 지니고 있다는 사실은 잊지 말아야 한다. 물이나 식량의 상황이 나빠지면 언제든 공공재로 되돌아갈 수도 있다. 물과 식량은 공동체와 그 구성원의 생명과 건강을 유지하는 데에 필수적이다.

가족공동체에
음식이 없다면

'엄마 표' 병어초무침을 그리며

어린 시절 우리 집 식구는 모두 10명이었다. 우리 집에는 방 두 칸에 부엌 하나, 그리고 방 두 칸 넓이의 다락방이 있었다. 어떻게 이 많은 식구가 함께 살았을까? 미스터리가 아닐 수 없다. 어머니는 하루세 끼니를 어떻게 준비하고 마무리하였을까? 물론 형이나 누나가 부모님 손을 덜어드렸지만 그래도 모든 책임은 부모님 몫이 아니었나? 우리 집 자식들이 모두 감기에 걸린 적이 있었다. 어머니는 아스피린을 한 알씩 먹이고 이불 속에 들어가 있으라고 했다. 어린 나는 이불 속이 너무 답답했고 그래서 조금만 땀이 나도 이불 밖으로 튀어나가곤 했다. 그럴 때마다 어머니의 꿀밤 세례를 받았다. 아픈 것도 단체로 아프고 약도 단체로 먹었던 시절, 지금은 상상만 해도 재미난 시절이었다.

그 어린 것들이 다 커서 분가했지만 그래도 우리 집의 독특한 음식문화는 여전히 살아 있다. 식구들이 모이면 함흥냉면집에서 냉면 국수를 뽑아 온다. 냉면은 집에 오면 풀어져서 쫄깃한 맛은 다 사라지지만 개의치 않는다. 밀가루 국수가 아니라 전분으로 만든 국수라는 사실 하나만으로 모두가 반긴다. 집에서는 냉면으로 먹지 않고 따뜻한 육수를 넣어 온면으로 먹는다. 그리고 고명은 늘 '엄마 표' 병어초무침이다. 병어초무침에는 꼭 병어와 오이와 숙주나물이 들어간다. 그 고명과 이미 불어 부드러운 냉면 국수와 국물의 절묘한 조화는 일품이다. 우리 집에서는 고명을 '끼미'라고 부른다. 어머니가 돌아가신지 10여 년이 훨씬 넘은 지금 그 고유한 음식은 먹어본 기억이 별로 없다. 함흥냉면집에 가서도 냉면을 먹지 온면을 먹게 되지 않는다. 왜냐하면 어머니가 해주시던 그 맛을 느낄 수 없기 때문이다.

또 여름에는 고등어 상추쌈을 먹는다. 고등어를 푹 찌고 나서 뼈를 발라낸 후 살을 으깬 다음 고추장, 고춧가루, 마늘 등의 양념을 넣고 간을 맞춘 뒤 버무린다. 이것을 상추에 얹어 쌈을 싸먹으면 비린내도 없고 영양가도 만점이다. 요즈음 식으로 말하면 통조림 참치 살에 양념을 해서 먹는 것과 비슷하다고 생각하면 이해하기 쉬운데, 고등어를 찌는 과정 중에 비린내와 같은 좋지 않은 성분이 많이 제거되어 참치보다 더 담백하고 훨씬 맛있다. 그리고 내가 어렸을 때 우리 집은 상추는 먹어도 깻잎은 먹지 않았다. 깻잎을 먹자고 하면 어머니는 '깻잎은 북한의 내 고향에서는 가축에게나 주는 것'이라면서 거절하셨다. 어머니 입장에서는 남한사람들이 깻잎을 먹는 것이 너무도 이상하셨을 것이다.

우리 집 식구들이 제일 좋아하던 음식은 식해였다. 가자미식해, 명태식해, 해태식해 등. 참고로 나는 남한에서 태어났지만 나보다 서열이 높은 식구들은 모두 북한에서 태어났다. 어린 시절의 나는 식해에서 나는 괴상한 냄새와 뼈까지 씹히는 괴이한 느낌 때문에 식해를 아주 싫어했다. 발효음식에는 적응기간이 필요한가보다. 어린 아기가 처음부터 김치를 넙죽 받아먹지는 않는 법. 물에 씻어주어도 맵다고 보채다가 점점 김치 맛에 익숙해지는 것이 아니겠는가. 식해를 싫어하는 나에게 어머니는 식해에 들어 있는 무를 주었다. 식해의 무는 아삭거리고 매콤하면서 짭짜름한 독특한 맛이 좋았다. 범죄조직에 발을 들여놓은 사람처럼 나는 무를 먹더니 그 다음에는 식해에 들어 있는 조밥을 먹었고, 결국에는 식해의 주성분인 생선의 작은 살점, 큰 살점, 그렇게 식해 맛에 젖어 지금은 없어서 못 먹는다. 어쩌다 어머니 댁에 가면 어머니가 만든 식해를 맘껏 먹었다. 자꾸 달래서 욕심껏 먹었다. 왜냐하면 우리 집에는 없었으니까. 그러던 어느 날 아내가 작은 참가자미를 사자고 하더니 식해를 담가주었다. 어머니에게 전화를 해가면서…… 서툰 만큼 더 애쓰면서 아내가 담가준 생애 첫 식해였다. 그 맛은 늘 먹던 것과 약간 달랐지만, 아내의 정성은 감동이었고 갸륵했다. 시댁의 음식문화를 이어준 것이 아닌가. 아내의 노력으로 우리 집 아이들도 식해를 먹기는 먹는다. 아직은 마니아가 아니고, 또 마니아가 될 것 같아 보이지 않지만, 우리 집 가정공동체에서 함께 먹을 수 있는 음식인 것만으로도 행복하다.

결혼을 하니 처갓집 음식에도 영향을 받기 시작했다. 양가의 음식문화가 취사선택의 과정을 거치면서 우리 집의 음식문화로 재창조되었다. 어린 시절 우리 집 물김치는 고춧가루를 넣지 않고 동치미처럼 맑고 담백하게 담근 것이었다. 그런데 '장모님 표' 물김치에는 고춧가루가 잔뜩 들어가 있어 칼칼한 맛을 주었다. 우선 색깔 때문에 그 다음은 담백하지 않은 맛 때문에 그다지 좋아하지 않았다. 그리고 장모님은 MSG를 무척 사랑하여 듬뿍 넣었다. 그래서 더욱 좋아하지 않았다. 그런데 먹으면 먹을수록 장모님 표 물김치가 입맛을 사로잡기 시작했다. 오랜 세월이 흐른 지금은 고춧가루 없는 물김치가 오히려 비정상이라는 느낌을 준다. 이번 설 직전에도 장모님께서는 명절용 물김치를 많이 담갔는데, 우리 집에도 절반을 보내셨다. 작은애도 맛을 보더니 "흠흠, 역시 외할머니 표 MSG 물김치가 그만이네." 하면서 너스레를 떤다. 가정공동체도 가정의 음식도 살아 움직이는 것인가 보다.

공선옥의 『행복한 만찬』에는 저자의 집안 냄새가 물씬 풍기는 쑥국 이야기가 나온다.[47] "그렇게 캐온 쑥으로 그해 첫 쑥국을 끓여 먹는 밤, 온 집 안에는 은은한 쑥 향기가 떠다니곤 했다. 김치는 이미

시어빠져 묵은지가 된 지 오래, 만날 군둥내 나는 김칫국만 끓여 먹다가 내 손으로 캐온 쑥으로 쑥국을 끓여 온 식구가 '와아, 진짜 봄은 봄이로구나.' 하면서 새로운 쑥국을 먹고 난 밤은 왜 그리도 행복하던지. 내 생애에서 가장 행복한 밤을 꼽으라면 바로 그해 첫 쑥국을 끓여 먹었던 밤이다. 쑥국을 양껏 먹고 난 밤에는 마음속 가득 희망의 새순이 돋아나는 느낌이었다." 나는 어린 시절 우리 집에서 쑥국을 먹어본 기억이 없다. 쑥은 그저 떡에나 넣어 먹는 것으로 알았는데, 그 쑥국에 그런 기막힌 추억이 있는 줄 어찌 알았겠는가. 음식은 한 집안, 가정공동체의 생명과 추억을 이끌어준다.

가족 그리고 식구(食口)

가정이란 가족으로 이루어진 가족공동체를 가리킨다. 사람은 가족의 일원으로 가정에서 태어나 가정에서 의식주를 해결하면서 자란다. 가정은 사람의 생명을 보전하고 키우는 곳이며, 사람은 가정에서 태어나 죽을 때까지 음식을 먹고 마신다. 가정은 음식을 매개로 하여 고유한 식생활문화를 가꾸어간다. 이 문화는 가족구성원에 의해 습득, 공유, 전달되어온 음식과 관련된 생활패턴 또는 양식이다.[48]

가족과 비슷한 말로서 식구라는 말이 있는데, 이 말은 한집에서 끼니를 같이하는 사람을 의미한다. 다시 말해 식구라는 말에는 가족이라면 당연히 음식을 함께 하는 사람이라는 의미가 내포되어 있다.

온 가족이 함께 식사하는 빈도가 높은 아동은 긍정적인 건강상태를 보인 반면, 혼자 식사하는 빈도가 높은 아동은 부정적인 건강상태를 보였다고 한다.[49] 중학생의 경우도 가족식사 횟수가 많은 집단일수록 바람직한 식행동과 균형 잡힌 영양섭취, 그리고 삶에 대한 높은 만족과 안정된 심리상태를 갖는다고 한다.[50] 이로부터 음식이 가족공동체 구성원의 육체적·정신적 건강과 밀접한 관계를 지니고 있다는 것을 알 수 있다.

음식은 각 가정의 고유성, 이질성을 나타내면서 동시에 유사성, 동질성을 보인다. 그래서 가정을 통해 음식문화가 형성되고 유지된다.[48] 우선 가족구성원은 음식을 통해 건강과 생명을 유지한다. 또한 배고픔을 해결하면 심리적 안정감이 생긴다. 배가 부르더라도 심리적 불안감과 초조감, 슬픔 등의 불안정 정서 상태에서 벗어나고자 음식을 먹기도 한다. 실제로 우울한 감정을 해소하기 위해 위안을 주는 음식(comfort food, 위안음식)[32]을 찾는 사람들이 있다. 위안음식은 대체로 어릴 적 아프거나 다쳤을 때 어머니가 만들어주었던 별식일 때가 많다. 가족과 함께 먹는 행위는 가족의 동질성을 확인하고, 즐거움과 심리적 평안, 그리고 구성원들 사이의 단결력을 강화하는 계기를 준다.

우리나라 가정의 전통 식생활은 다양한 곡물로 된 주식과 채소 위주의 부식으로 이루어졌다. 그 가운데 으뜸 주식인 밥은 우리 식문화의 중심이자 정을 주고받는 매개체의 역할을 한다. 간장, 된장 등의 장류, 김치 등의 침채류, 젓갈류 등의 발효음식도 중요한 위치를 차지한다. 또한 가정에는 백일잔치, 돌잔치, 혼인잔치, 환갑잔치, 칠순잔치, 장례, 제사 등의 잔치와 의식이 있는데, 거기에는 음식이 꼭 곁들여진다.[48]

현대에 들어와서 가정의 식생활이 많이 달라졌는데, 특히 외식문화의 확산이 큰 영향을 끼쳤다. 최근 우리나라 가정의 식생활에서 외식이 차지하는 비중은 날로 높아져 가고 있다. 외식의 증가 현상은 2009년 인구 1,000명당 식당 수가 한국 11.6개로서 미국 3.1개, 일본 5.9개보다 훨씬 많다는 사실로부터 잘 알 수 있다.[51] 이와 같은 현상의 주된 요인으로서 핵가족과 독신가족의 증가, 맞벌이부부 가족의 증가, 주5일 근무제 확산, 맛집 열풍, 식생활에 대한 가치관의 변화 등을 들 수 있다.

식생활은 허기를 채우는 1단계, 쾌락을 추구하는 2단계, 영양학적 기준을 충족시키는 3단계, 건강식품을 찾는 4단계, 이국적 음식을 찾는 5단계로 구분되는데, 신세대 가족구성원들은 외래음식문화의 편의성을 즐기고자 하는 가치관을 지향하고 있다. 이로 인해 식생활의 서구화와 패스트푸드의 일상화, 웰빙 음식문화, 음식배달문화, 가족 내 세대 사이의 관계가 단절된 식문화가 가정 내에 등장하였다.[48]

지역공동체와 시골 밥상

04

함께 먹고 마시는 것이 하이라이트

나는 소위 '시골'이라는 지역공동체가 없다. 고향을 등지고 피난 온 우리 가족은 도시에서 주로 살았고 통일이 되지 않았으니 방학에도 찾아갈 시골이 없었다. 초등학교 때 방학이 끝나면 피부가 까맣게 그을린 아이들이 너도 나도 왁자지껄 시골의 할머니 할아버지 삼촌 외삼촌 이야기를 하는 것을 부럽게 듣곤 했다. 늘 나도 찾아갈 시골이 있으면 참 좋겠다고 생각했다. 당시 나는 학교에서는 서울 표준말을 쓰고 집에서는 함경남도 사투리를 썼다. '종간나'라는 말이 아직도 떠오른다. 종가시나, 즉 여자노비라는 사나운 호칭이다. 그러다가 부모님의 거친 사투리가 점점 싫어져 쓰지 않게 되었고, 지금은 억양에도 거의 남아 있지 않다. 그렇게 싫었던 사투리는 손위 형제들의 억양에 아직 남아 있다.

어느 날 작은아이가 말했다. "아빠, 퇴직하면 시골에 가서 사세요. 우리 애들 방학 때면 보내게요. 애들이 얼마나 좋아하겠어요?" 결혼도 안 한 녀석이 아직 존재하지도 않는 자기 아이를 시골 할아버지(나) 집에 보낼 생각을 하다니…… 좀 어처구니가 없으면서도, 아마 녀석도 시골 사는 할아버지 할머니, 아니 삼촌 외삼촌이라도 있었으면 하고 부러워하면서 살아와서 그런가보다 해서 짠하기도 했다. 그런데도 내 입에서 나오는 대답은 "싫어"였다. 농사가 힘든 것도 있지만, 소란스럽고 바쁜 일상에 익숙한 내가 조용하고 느긋한 시골생활에 적응하기 어렵다고 생각하였기 때문이다.

사람 좋고 인품 좋은 대학동기가 있는데, 지금 문경의 과수원에서 사과를 재배하면서 부인과 둘이 시골생활을 하고 있다. 풍채 좋던 배는 쏙 들어가고 다행히 얼굴은 그다지 타지 않았다. 꼭 가야만 하는 조문이나 혼례가 있을 때만 볼 수 있는 그 친구가 말했다. "시골에서 살려면 이타적이면서 겸손하게 행동하는 것이 중요해. 그렇지 않으면 시골생활에 실패할 수 있어." 안 살아보아 잘 모르겠지만, 그 친구의 말은 이런 뜻인 것 같다. 이 계곡 물과 저 계곡 물은 애쓰지 않아도 쉽게 섞이지만, 묵은 된장 단지에 새 된장을 넣으면 쉽게 섞이겠는가? 잘 섞이도록 애써 저어주어야 하는 것은 물론이고, 섞였다고 끝이 아니라 조화가 잘 이루어지려면 오랜 숙성의 시간이 필요하지 않겠는가.

요즘 귀향과 관련된 프로그램도 많고, 이런저런 TV프로그램에서 고향마을 사람들이 한데 모여 음식을 먹는 모습을 자주 방영한다. 아직 통일은 멀어 보이니 TV에 방영되는 고향의 모습과 시골마을의 모습을 보면서 간접체험으로 대리만족할 수밖에 없다. 도시에서는 자기 가족하고만 먹지 결혼식 피로연 같은 경우 말고는 친족하고도 거의 함께 먹지 않는다. 하지만 시골에서는 함께 하는 농사일도 중요하지만 마을사람들이 공동체에서 함께 먹고 마시는 것이 더 중요하다. 함께 먹고 마시는 것이 하이라이트인 것이다. 자식농사도 다르고, 농사의 규모나 농법에 대한 생각도 다르지만, 함께 먹고 마시는 일은 다르지 않다. 그것에서 동질감을 찾고 사는 낙과 즐거움을 느끼는 것이다.

　언젠가 속초에 가서 속칭 아바이마을에 들러 구경한 적이 있다. 아바이마을에는 실향민 1세대 대신 2~3세대가 아사모(아바이마을을 사랑하는 사람들의 모임)를 결성하여 실향민 지역공동체의 대를 이어가고 있다.[52] 그곳에서는 함경도의 전통식 냉면인 가자미회 냉면 또는 명태회 냉면을 먹을 수 있다. 나도 함경남도 흥남에서 월남한 실향민의 가족이기에 함흥냉면을 좋아한다. 이 함흥냉면은 전통적인 함경도식 냉면에서 재료가 다소 바뀌었다.[53] 우선 면의 재료가 감자전분에서 고구마전분으로 바뀌었고, 고명의 재료도 가자미회나 명태회에서 홍어회나 가오리회로 바뀌었다. 그럼에도 불구하고 함흥냉면은 어린 시절부터 온 가족이 즐겨먹던 외식 1호 음식이었다.

그리고 서울 중구 오장동에 지금도 있는 냉면집은 부모님이 고향 사람들을 만나 어울리시던 만남의 장소이기도 했다. 비록 청호동 아바이마을 2~3세대처럼 깊이 속해 있지는 않지만 나 역시 실향민 2세대로서 함흥냉면 오장동 지역공동체에 느슨하게나마 속해 있지 않을까. 이따금 시내에 나가면 일부러라도 오장동에 들러 회냉면을 먹는다. 아버지와 어머니 손을 잡고 함께 와서 먹던 그 추억도 함께 먹는다.

음식, 지역 정체성을 대표하다

미국은 이민자로 이루어진 나라이고, 그 국민에게는 공통된 문화나 역사가 거의 없기에, 미국은 집단이 아닌 개인을 강조해왔다. 그런 미국인에게 클린턴 대통령이 "내게 어떤 이익이 되는가?"라고 묻지 말고 "우리에게 어떤 이익이 되는가?"라고 물으라고 촉구한 적이 있다. 그는 수세기에 걸쳐 '우리'의 관점에서 생각하지 말라고 배운 국민들에게 '새로운 공동체 정신, 우리 모두 함께 있다는 인식'을 가지라고 호소했던 것이다.[54]

인간은 어느 한 지역에서 태어나 어느 한 지역에서 생을 마친다. 흔히 지역사회라고 불리는 지역공동체는 인간들의 일상생활이 이루어지는 사회의 장이며, 가족공동체가 모여 사는 곳이다.[55] 지역공동체에는 촌락공동체와 도시공동체가 있는데, 전자는 게마인샤프트(Gemeinschaft; 공동사회)에 가깝고, 후자는 게젤샤프트

(Gesellschaft; 이익사회)에 가깝다. 지역공동체의 기초지표는 지역성과 공동의식인데, 촌락공동체는 지리적 공간, 사회적 상호작용, 공동유대 등이 삼위일체가 된 공동체인 반면, 도시공동체는 공동유대가 강하다고 볼 수 없다.[56]

우리나라의 촌락공동체는 1960년대 이후의 전국적인 도시화와 공업화 및 경제성장에 따라 많이 와해되었다. 하지만 여전히 촌락공동체가 기본적인 지역공동체의 역할을 하고 있다. 동리라는 지역공동체는 '우리' 집단이자, '나'의 신원을 밝혀준다. 객지에 나가 있는 사람이 고향을 그리워하고, 혼인한 부녀자를 출신 고장 이름으로 부르는 것도 그러한 이유 때문이다. 여전히 장례나 혼례, 기타의 길흉사에 상호부조하는 범위도 지역공동체 범위에서 시행되고 있고, 농사에 관한 품앗이의 관행도 지금까지 계속 이어지고 있다.[57]

지역공동체의 정체성 가운데 가장 대표적인 것이 음식이다.[58] 남쪽 지방은 주식으로 쌀밥과 보리밥을, 북쪽 지방은 잡곡밥을 먹는다. 산간 지방에서는 소금에 절인 생선이나 말린 생선, 산채로 만든 음식이 많고, 해안이나 도서 지방은 바다에서 얻는 생선이나 조개류, 해초류가 반찬의 주된 재료가 된다.

서울 음식은 의례를 존중하는 음식 차림과, 가짓수가 많고 양이 적은 특징이 있다. 설렁탕은 전국적으로 널리 퍼진 서울 음식이다. 경기도 음식은 소박한 편이고, 간도 중간 정도이며 양념도 수수하게 쓰는 편이다. 조랭이떡국, 쇠갈비구이(숯불갈비구이) 등이 유명하다.

강원도는 동해바다에 면하고, 깊은 산과 골짜기와 분지마다 각각 다른 생산품이 많다. 감자·옥수수·메밀·도토리 등을 주식재료로 삼고, 오징어회, 건어포, 취나물 등을 잘 먹는다. 충청도는 바다에 전혀 접하지 않은 북도와 황해에 면하여 있는 남도의 지역적 여건이 다르나, 곡물이 풍부하고 보리밥을 많이 먹었다. 늙은 호박으로 죽을 쑤고 범벅을 만드는 특징이 있다.

전라도는 서해와 남해를 끼고 기름진 호남평야를 안고 있어, 쌀이 풍부하고 해물을 곁들이는 음식이 여러 가지 있다. 상차림은 음식의 가짓수를 많이 올려 외지 사람을 놀라게 하며, 음식솜씨 자랑을 많이 한다. 전주비빔밥, 콩나물국밥, 홍어회, 갓김치 등이 널리 알려져 있다. 경상도는 동해와 남해를 끼고 있어 전라도와 비슷한 기후이면서도, 해산물의 종류가 다르고, 들판에서 곡식도 골고루 생산되고 있다. 해산물 회와 국수를 즐기고 아구찜, 안동식혜 등이 유명하다. 제주도에는 밭벼가 있고, 조·피·보리·메밀·콩·팥·녹두·깨 등 잡곡과 감자·고구마의 생산이 많다. 채소와 된장, 해조류가 반찬의 재료가 되고 바닷고기도 말려서 먹고 수육은 주로 돼지고기이다. 말린 전복과 귤은 진상하기에 바빠 먹기는 어려웠다고 한다.

황해도는 연백평야가 펼쳐진 곡창으로 인심이 좋기로 이름난 곳이다. 특히 잡곡이 많고, 어느 음식이든지 닭을 많이 쓴다. 따라서 밀국수나 만두에도 닭고기를 쓴다. 평안도는 황해에 면하여 있고 들판도 넓어서 어물, 밭곡식, 산채가 풍부하며, 음식도 먹음직스럽게 만드는 것이 특색이다. 국수를 가장 즐기는데, 겨울에는 냉면을, 여름에는 어복쟁반이라는 뜨거운 장국 국수를 즐긴다. 함경도는 험한 산골과 동해에 면한 고장으로 콩·조·옥수수·수수·피 등이 많이 나고, 감자로 녹말을 내어 냉면 국수에 쓰고, 냉면을 먹을 땐 생선회를 넣어 맵게 비벼먹는다. 다대기라는 말도 이 고장에서 나온 말이다.

민족 · 국가와
불고기 · 케밥

김치로 동질감을 느끼다

해외여행을 떠날 때면 별 매력도 없어 보이는 우리나라를 잠시라도 떠날 수 있다는 홀가분한 마음 때문인지 더 기분 좋게 들뜨곤 한다. 그러다가 한 열흘 남짓 집 떠나 몸과 마음이 고단해지고 말도 잘 통하지 않는데다가 현지의 음식을 먹는 일도 버거워질 때쯤, 조강지처 같은 우리나라가 은근히 편하고 믿음직한 모습으로 다가온다. '원 달러, 원 달러'를 외치며 관광객들에게 구걸하는 가난한 나라의 아이들을 보면, 비싼 핸드폰을 손에 쥐고 자유롭게 거리를 활보하는 잘 사는 우리나라 아이들과 대조되어 심란해진다. 지저분한 화장실도 돈을 내야 쓸 수 있을 때면 깨끗하면서도 공짜인 우리나라 화장실이 새삼 아쉬워진다. 급기야 여행을 마치고 귀국길에 올라 인천공항에 도착하면 왠지 안도감이 들고 마음도 느긋해진다. 그다지 소중해 보이지 않던 우리나라와 우리 민족에 속해 있다는 느낌이 나를 따스하게 보듬어준다. 평소에 못 느끼던 소속감이 마음을 가득 채운다.

유학시절 대학원 지도교수는 인도인이었다. 우리 가족은 지도교수를 집으로 초대하여 음식을 서너 차례 대접하였다. 그는 채식주의자는 아니지만 고기를 즐기지 않았고, 힌두교를 믿기에 쇠고기는 절대 드시지 않았다. 다만 생선과 닭고기는 그나마 드시기에, 메뉴는 늘 채소 샐러드, 새우튀김, 닭튀김, 밥 등으로 정해질 수밖에 없었다. 어느 때엔가 한국음식이라면서 잡채를 내놓아 보았지만 의례적인 칭찬만 들었을 뿐이다. 그나마 우리 집에서는 포크를 사용해 드셨다. 언젠가 교수님의 초대로 그 댁을 방문한 적이 있었다. 교수님은 메뉴 때문에 고심을 했는지 나에게는 빵을 주시고, 자신은 인도음식을 드셨다. 그런데 놀랍게도 우리 집에서는 포크를 사용하던 분이 맨손으로 드시지 않는가. 같은 동양인이지만 인도인들은 중국인, 한국인, 일본인과 달리 젓가락을 사용하지 않고 음식을 손으로 먹는다더니 미국에서 그 모습을 처음 본 것이다.

내가 공부하던 곳에는 착한 목자 수녀회(The Religious of Good Shepherd)가 있는데, 한국의 착한 목자 수녀회의 수녀인 처형이 그쪽에 연락을 해주어서 우리 가족은 정기적으로 수녀원을 방문하였다. 수녀원 첫 방문 날에 저녁식사를 대접받았는데 식품영양학과를 졸업했다는 한 수녀님이 우리 아이들을 위해 밥을 지어 우유에 말아주셨다. 처음 보는 괴상한 밥이라 아이들은 먹으려 하지 않았다. 그 수녀님은 고생해서 만들었는지 언짢은 기색이 역력했다. 아이들은 할 수 없이 먹긴 먹었지만, 먹으면서 계속 '구원'을 바라는 눈길을 내게 보내왔다. 그 다음 방문 때부터는 식사에 밥이 나온 적이 없고 대신 빵이 나와 다행이었다.

일본 도쿄에 학회 일로 출장을 여러 차례 간 적이 있었다. 일본 음식은 서울에서도 익숙했고 게다가 호텔 음식이었기 때문에 큰 어려움은 없었다. 그럼에도 불구하고 출장의 마지막 날쯤 되면 나도 모르게 튜브 고추장을 조금 넣으면서 먹게 되었다. 무언가 부족한, 다 충족되지 않은 미각의 아쉬움을 귀국하자마자 김치찌개를 먹으면서 달래곤 했다. 한국인과 일본인은 생긴 것도 비슷하고 먹는 것도 비슷하지만, 두 민족 사이에는 미묘하면서도 큰 차이점이 존재한다. 한마디로 말해 일본에는 김치찌개가 없지 않은가.

언젠가 터키에 여행을 간 적이 있다. 나는 식품영양학 전공교수의 의무인 양 나오는 음식은 어느 것이나 가리지 않고 잘 먹는다. 아니 잘 먹어본다는 것이 맞는 표현일 것이다. 터키인들은 케밥(kebab, 터키의 전통 육류 요리)을 자주 먹는데, 육류나 어류로 만든 케밥에 독특한 향신료가 들어간 채소 샐러드를 곁들여 먹었다. 한 일주일 계속 비슷한 음식을 먹었더니 소화도 잘 안 되고 먹기도 싫어졌다. 터키인들은 우리나라를 형제의 나라라고 살갑게 부른다. 하지만 먹는 것을 기준으로 보면 단연코 형제의 나라는 아니다. 한국전쟁 때에

터키가 많이 도와준 것은 잊지 않아야 할 일이지만 돌궐족(투르크족)과 한민족을 형제라고 부르기엔 다른 점이 매우 많다. 적어도 먹는 음식을 보면. 그곳에도 내가 좋아하는 김치찌개는 없다.

음식, 민족정체성의 실질적 확인 매체

다음 글은 최근 국내 일간지에 실린 기사내용 일부이다. '미국 국가안보국(NSA)의 비밀감시 프로그램을 폭로하고 도피중인 에드워드 스노든은 2013년 6월 23일 홍콩을 떠나 모스크바 세레메티예보 공항에 도착했으나 여권이 폐기된 탓에 공항 환승구역을 떠날 수 없었다. 그는 2013년 8월 1일 러시아 연방이민국의 1년짜리 임시망명허가를 받아 한 달 이상 머물던 러시아 공항을 떠나 안전한 장소로 거처를 옮겼다.'[59]

여권은 외국을 여행하는 국민에게 국가가 발급하는 증명서류이다. 여권은 여행자의 국적·신분을 증명하고, 해외여행을 허가하며, 외국 관헌의 보호를 부탁하는 문서이고, 여권 없이는 다른 국가에 입국할 수 없다.[60]

우리 민족은 단일민족이지만 두 개의 국가를 형성하고 있다는 점에서 다국가 민족이고, 남북한을 분단국가 또는 결손국가라고도 부른다. 한민족은 남한 국민, 북한 국민, 외국국적동포(제3국 국민)를 포괄한다. 한민족은 한반도라는 동일한 지역에서 단일민족으로 살아왔으며 그로 인해 민족적 동질성이 강하다. 민족정체성의 상징으로 단군신화, 백의민족, 아리랑, 한(恨)의 민족, 태극기 등이 있는데, 우리 민족은 그러한 상징을 통해 민족정체성을 끊임없이 확인해 왔다.[61]

하지만 민족정체성을 실질적으로 확인시켜주는 것은 다름 아닌 음식이다. 남한에 살건 북한에 살건 중국에 살건 일본에 살건 미국에 살건 한민족은 밥, 김치, 된장, 고추장 등을 먹고 산다. 중국 사람이나 일본 사람 가운데 '멋'으로 먹는 극히 일부 사람이 있을 뿐 결코 우리처럼 거의 매일 김치를 먹지 않는다. 김치나 된장과 같은 발효음식은 그 독특한 맛과 냄새에 익숙해지는 데에 오랜 시간이 걸리기 때문에 다른 민족이 우리처럼 먹기는 쉽지 않다. 남북한, 조선족, 재일교포, 재미교포 등 한민족이 모두 잘 먹는 음식은 김치나 된장 이외에 냉면, 불고기, 비빔밥, 미역국, 떡국, 설렁탕, 마른오징어, 식혜, 잡채 등이 있다. 이것들은 한민족 고유의 음식이라고 일반적으로 말할 수 있다.

단일 민족으로 이루어진 이스라엘에는 코셔 음식(kosher food)이 있다. 코셔 음식은 유대교의 식사에 관련된 율법 카샤룻(kashrut)에 의하여 먹기에 합당한 음식으로 결정된 것을 의미한다. 카샤룻은 먹기에 합당한 음식과 그렇지 않은 음식을 철저히 구분하고 있으며, 먹기에 합당한 음식 코셔는 사전적으로 '적당한, 합당한'의 의미인 반면에, 먹을 수 없는 음식은 트라이프(traif)라고 한다.[62] 이스라엘에서는 안식일에 가족과 함께 음식을 먹는 전통을 지키는데, 안식일에는 호텔 엘리베이터도 버튼을 누르는 일을 하지 않아도 되도록 한 층 한 층 자동으로 열렸다 닫혔다 하며 움직인다.

단일 민족으로 이루어지지 않은 미국과 같은 다민족 국가에는 국가 차원의 음식이 없고 국가를 구성하는 민족들의 음식, 소위 민족음식(ethnic food, 에스닉푸드)이 있다. 중국, 이탈리아, 멕시코 음식이 미국인에게 압도적으로 친근한 민족음식이고, 독일, 그리스, 프랑스 음식이 그 뒤를 잇는다. 일본, 흑인, 스칸디나비아, 인도, 카리브해 음식이 그 다음이며, 한국, 태국, 베트남, 홍콩 음식이 최근 관심을 받고 있다.[63] 이로부터 음식은 국가의 정체성보다는 민족의 정체성과 더 관련이 깊다는 것을 알 수 있다. 같은 미국 시민이라도 먹는 음식은 소속된 민족마다 다르기 때문이다.

06

진정한
세계적 음식이란

과연 햄버거를 거부할 수 없는가

미국 유학시절 햄버거로 점심식사를 자주 해결하곤 했다. 처음 후배
와 함께 맥도날드를 찾았을 때 후배가 한 개를 시킬지 두 개를 시킬
지 물어보았다. 처음에는 다들 두 개를 먹더라는 것이다. 나는 그러
면 두 개를 먹겠다고 했다. 후배는 내 몫으로 두 개, 자기 몫으로 한
개를 가져왔다. 처음 먹어보는 맥도날드 햄버거, 한 개로는 결코 양
이 차지 않았다. 하지만 얼마 지나지 않아 한 개로도 충분해졌다. 고
단백 고지방인 햄버거를 먹고 배가 부르다면 너무 많이 먹은 것이라
는 사실을 내 위가 먼저 깨달았고 내 뇌도 수긍을 한 것이다. 더욱이
함께 먹는 콜라는 설탕 덩어리가 아닌가? 요즘은 햄버거 반쪽만 먹
어도 아침식사로 모자라지 않을 정도이다. 밥을 고봉으로 한가득 먹

어야 배부르던 시절, 밥보다 더 중요한 것이 없던 그 시간은 이미 지나갔다. 배가 부르지 않더라도 충분히 열량과 영양을 섭취하면서 밥 먹는 양도 점차 줄었다. 꼭 밥이어야 한다는 고집도 꺾였다. 라면 한 개로는 아쉬워서 밥을 조금 더 먹던 식습관도 사라졌다.

유학시절 MBA 코스를 이수하던 한국 유학생이 이웃에 살았다. 그 학생은 피자헛 피자가 먹고 싶어서 미국에 왔다는 농담을 자주 했고 또 실제로 피자를 자주 먹었으며 그래서 그런지 부인을 제외한 가족 모두 튼튼해 보였다. 아이들 나이도 우리 아이들과 비슷해 가깝게 지냈던 우리 두 가족은 자주 함께 피자와 맥주를 즐겨 먹었다. 그런데 기름진 걸 먹으면서부터 건강에 적신호가 들어왔다. 아무런 거부감 없이 즐겨 먹던 햄버거, 피자, 닭튀김, 콜라, 맥주는 내 배를 볼록하게 만들기 시작했고, 고등학교 때부터 항상 일정하던 체중이 나도 모르는 사이에 불어나기 시작했다. 그리고 한번 불어난 체중은 줄어들 줄 몰랐다.

몇 년 후 귀국하니 한국에도 여기저기 맥도날드 햄버거와 피자헛 피자가 들어와 있었다. 한국에도 패스트푸드 붐이 일었던 것이다. 그 패스트푸드의 열기는 아직도 다 식지 않았다. 하지만 이제 사람들 대부분은 잘 알고 있다. 짜지 않게 먹기만 하면 우리 한식이 오히려 건강에 좋은 웰빙 음식이고, 햄버거나 피자 같은 패스트푸드는 건강을 해치는 정크 푸드라는 사실을 말이다. 그럼에도 불구하고 여전히 어린이를 비롯한 많은 사람들이 햄버거와 피자를 탐식하고 있다.

유학시절 같은 지도교수 밑에서 공부하던 유대인 학생이 있었다. 그 학생이 어느 날 숟가락으로 떠먹는 플레인 요구르트를 주기에 먹어보았다. 당시 한국에는 마시는 요구르트밖에 없었다. 처음 경험하는 떠먹는 요구르트는 시큼하고 뭉클해 그다지 매력적으로 느껴지지 않았다. 아이러니하게도 그 떠먹는 플레인 요구르트가 내 박사학위 논문의 실험 재료가 되었고, 유학 내내 만들어 먹다보니 익숙해졌다. 햄버거, 피자, 닭튀김, 콜라, 맥주, 그리고 떠먹는 플레인 요구르트 모두 외국인인 내가 부담 없이 먹을 수 있는 음식이었다.

악화가 양화를 구축한다더니, 우리의 우수한 음식이 외국으로 나가 전 세계로 퍼지지 않고, 세계적 음식이라는 이유로 오히려 건강에 좋지 않은 음식이 우리나라에 들어오는 이유는 무엇일까? 빗방울이 바람이 부는 방향으로 쏠리며 떨어지듯, 물이 흐르는 방향으로 배가 움직이듯, 식문화는 힘의 방향으로 움직이는 것인가. 질적으로 우수한 식문화가 있어도 힘이 없으면 저질 음식문화를 받아들일 수밖에 없는 것인가. 거부하기 어려운 세계화의 흐름 속에서 좋은 음식은 받아들이고 나쁜 음식은 거부할 수 있는 권리는 없는가.

진정한 세계적 음식은 밥과 빵

세상과 세계는 비슷한 말이면서도 세상이 '사람 사는 곳'이라는 의미에 가까운 반면, 세계는 '사람이 사는 넓은 범위 또는 한계'라는 뜻이 내포되어 있다. 중국의 도가(道家)는 사람끼리 자유롭게 사는 상호 불간섭의 태도를 취하는 반면, 유가(儒家)는 가족이 모여 국가의 모습이 된다고 보는 공동체주의의 태도에 가깝다.[64] 비유적 의미에서 도가의 사람들은 세상에 살고, 유가의 사람들은 세계 안에 사는 것일지도 모르겠다. 영어의 'world'는 세상과 세계의 의미를 포함하지만, 'globe'에는 세상의 의미는 없고, 세계 또는 지구의 의미를 나타낸다. 세계화라는 말은 영어로 'globalization'을 사용하는데 이를 지구화라고도 한다.

국제화는 국가 간의 교류가 양적으로 증대되는 현상인 반면, 세계화는 전 세계 사람의 생활이 새롭게 재구성됨으로써 세계사회가 독자적인 차원을 획득하는 과정을 뜻한다.[53] 세계화는 경제, 정치, 문화 등 다양한 분야에서 공간, 시간이 압축되어 세계가 일체화되어 가는 것, 또는 그러한 의식이 형성되는 것을 말한다.[65]

음식은 문화적인 성격이 강하기 때문에 그 측면에서 음식의 세계화를 살펴보는 것이 중요하다.[66] 과거에는 정신적 · 비물질적인 문화를 중시했기 때문에 특정 국가의 문화적 요소가 상업화되지 못했지만, 오늘날의 문화적 요소는 물질적인 가치를 중시하기 때문에 문화 자체가 상업화되고 있다. 이러한 추세에 따라 한식의 우수성을 설명하기 위해 한식의 영어표기 'Hansik'의 철자를 활용하기도 한다. 즉 건강에 좋고(healthy), 매혹적이며(attractive), 자연에 가깝고(natural), 오감을 만족시키며(sensible), 미래를 볼 수 있는

(imaginable), 한국의 음식(Korean cuisine)이라는 뜻이다.[66]

음식의 세계화 관점에서 빼놓을 수 없는 것은 미국식 패스트푸드의 세계적 소비현상이다. 베를린 장벽이 무너진 후 옛 동독의 땅에서 가장 먼저 개점한 맥도날드 햄버거 체인점, 경제개발이 한참인 중국의 베이징 시내에 문을 연 피자헛, IMF 경제위기 이후 우리나라에 들어온 던킨도너츠 등을 예로 들 수 있다. 세계화에 발맞추어 피자헛의 빨간 차양, KFC의 할아버지, 도미노 피자의 로고인 주사위의 단면 등, 세계 어디서나 같은 모습을 발견할 수 있다.[67] 이러한 전 세계적 획일성, 즉 세계가 하나의 구심점을 향해 수렴해가는 현상을 '맥도날드화(MaDonaldization)'라고 한다.[61]

세계화를 논의할 때 주요 개념으로 등장하는 동질화, 이질화, 혼성화는 음식문화를 예로 들어보면 이해하기 쉽다. 동질화의 예로서 세계적인 프랑스 요리법을 기본으로 하여 현지의 이국적인 요소를 섞은 요리를 들 수 있는데, 이렇게 만든 음식이 지역적 차원에서 세계적 차원으로 격상될 수 있다. 이질화의 예로서는 pork cutlet[1]이라는 서구의 보편적 음식이 현지의 요리법과 결합되어 돈까스라는 현지적 특성을 지닌 음식이 되는 것을 들 수 있다.[68] 혼성화는 이질

---

1)　　　커틀릿: 축육에 빵가루를 묻혀서 기름에 튀긴 서양요리. 비프(쇠고기) · 포크(돼지고기) · 치킨(닭고기) 등이 흔히 쓰이나, 비프나 포크의 커틀릿은 한국에서 만든 서양요리이며 서양에서는 만들지 않는다. 비프는 기름에 들어가면 맛국물이 빠지고, 또 포크는 습관상의 이유로 쓰지 않는다. 서양의 커틀릿은 송아지고기 · 치킨을 쓰며, 튀기는 방법도 기름을 조금 넣고 프라이팬에서 굽듯이 지져 낸다. 커틀릿에 곁들이는 음식으로는 튀긴 감자 · 채소류 · 국수, 버터에 볶은 밥 등이 어울린다.

적인 두 지역의 음식이 합쳐지는 것을 가리키는데, 김치를 파스타 소스에 첨가하는 것을 예로 들 수 있다.[69]

과연 세계의 대부분의 사람들이 먹는 진정한 세계적 음식은 어떤 것일까? 그 답은 아마 밥과 빵일 것이다. 동양인은 밥도 먹고 빵도 먹는다. 서양인도 빵도 먹고 밥도 먹는다. 즉 명실상부한 세계적 음식은 쌀과 밀이라는 식량을 재료로 만드는 밥과 빵이라는 전 세계인의 주식일 것이다. 물론 주식 외에도 고기, 생선, 우유, 유제품, 식용유도 세계적 음식에 해당되고, 사과, 바나나, 배, 오이, 배추 등의 과일이나 채소도 세계적 음식이다. 맥주, 포도주, 위스키, 브랜디, 보드카, 소주와 같은 술이나 커피, 차와 같은 기호음료도 전 세계인이 사랑하는 세계적 음료이다. 흔히 먹는 달걀 프라이, 고기구이는 물론이고 햄버거와 피자도 세계적 음식임에 틀림없다. 하지만 전 세계 사람들이 모두 다 빅맥(Big Mac)을 먹는다 해도 김치 같은 각국의 전통음식이 사라지는 것은 아니다.[61] 우리나라의 밥버거와 빈대떡도 세계적 음식의 반열에 오를 날을 기대해본다.

그러나 세계화 과정을 거치면서 무엇보다 가장 크게 부각된 것은 음식 자체의 본질적 중요성이다. 음식은 그야말로 사람의 생존을 위해 필수 불가결한 것인데, 세계화가 진행되면서 그 생산과 분배가 많이 불안정해졌다. 음식 이전에 식량이라는 기본적인 관점에서 볼 때 식량은 전 세계적으로 부족한 것이 아니다. 하지만 부유한 선진국은 식량이 넘쳐나고 가난한 후진국은 식량이 모자라는 것이 현실

이다. 기아문제는 가난하기 때문에 발생하고, 이는 세계화 속의 불평등을 의미한다.[69]

정치와
먹을 권리

통치자에게 늘 이상 정치를 요구하다

정치, 경제, 사회, 문화의 개념 차이를 가옥에 비유하여 설명하면 다음과 같다. 네 가지 가운데 가장 먼저 등장하는 것이 인간이 함께 살면서 이루는 사회이므로 사회를 가옥의 바닥, 즉 집터에 비유할 수 있다. 그 다음 사람이 모여 살면서 식량이 많아지고 물물교환 시장이 생기는 등 경제가 활성화되므로 경제를 가옥을 지탱하는 기둥 또는 벽에 비유할 수 있다. 점점 공동체의 규모가 커지고 외부 침략으로부터의 보호가 필요해지면서 정치의 개념이 생기므로 정치를 가옥을 보호하는 지붕에 비유할 수 있다. 끝으로 한 무리의 생활양식인 문화는 가옥의 안과 밖에서 공유되고 전달되므로 문화를 가옥 전체의 모습이라고 비유할 수 있다.

나는 아내와 두 아이를 책임지는 가장이다. 주민등록부에는 세대주, 호적에는 호주로 등록된 한 집안의 법적인 통치자다. 사람이 가정을 이루고 가정이 확대되어 국가가 된다는 유가의 관념에 따라, 비록 치국평천하까지는 아니지만 수신제가의 단계에서 미니어처(miniature) 국가를 다스리고 있다. 나는 내 가족이 인간다운 삶, 행복한 삶을 살 수 있도록 노력하고 있다. 적어도 내 가족이, 먹고 싶은 것을, 먹고 싶을 때, 먹을 수 있도록, 최선을 다 하고 있다. 아무리 피곤해도 가족이 김치볶음밥을 원하면 기꺼이 팔을 걷어붙이고 맛있게 요리해준다. 왜냐하면 가족이 행복해하기 때문이다.

나와 달리 우리 아버지는 열 식구의 가장으로 나보다 2.5배 큰 규모를 다스리셨다. 1914년에 태어난 아버지는 일제강점기, 해방, 그리고 한국전쟁을 모두 겪으셨고, 심지어 피난까지 나오셨다. 흥남부두, 거제도, 부산을 거쳐 서울에 정착하기까지 숱한 고생을 하셨다. 아버지는 쌀밥, 보리밥, 강냉이죽, 수제비는 먹이셨지만, 꿀꿀이죽(미군 부대에서 흘러나온 음식 찌꺼기를 모아서 한데 넣고 끓인 죽)이나 개떡(보릿가루를 반죽하여 찐 떡)은 먹이지 않으셨다. 그래도 쌀이 부족하면 찐 감자를 으깨어 밥처럼 숟가락으로 떠먹었는데, 나는 남한에서 태어나서 그런지 찐 감자가 싫었다. 지금이야 으깬 감자가 'mashed potato'라는 별미의 음식이지만 당시 내게는 묘한 냄새가 나는 맛없는 짝퉁 밥이었을 뿐이다. 그럴 때마다 나는 하얀 쌀밥에 쇠고깃국 타령을 했다. 정말 마음껏 먹고 싶었다. 하지만 나의 통치자께서는 그렇게 해주지 못하셨기에, 나는 바꿀 수 없는 나의 통치자에게 늘 이상 정치를 요구하며 불평했다.

요즘 나는 '아버지가 되어 갈수록' 돌아가신 아버지 생각이 많이 난다. 가장으로서 숱한 고생을 하다 돌아가신 아버지를 돌이켜보면 순간순간 뭉클해진다. 권력은 전혀 없고, 다스릴 의무만 있는 외로운 왕. 오로지 양들을 위해 존재하신 숭고한 헌신의 왕. 지금 이 말은 예수 그리스도를 이르는 말이 아니다. 나의 육적 아버지를 가리키는 말이다. 아니 그 시대를 산 모든 아버지를 기리며 드리는, 마음 속 깊은 곳에서 자연스럽게 올라오는 감사의 말이다.

아버지는 어려운 처지에서도 고아가 된 소녀를 키워 시집까지 보내셨고, 전쟁 중에 홀로 피난온 분을 돌보기도 하셨다. 고향 사람들이 찾아오면 늘 숙식을 제공하셨고, 탁발승이 오면 귀한 쌀 한 됫박을 챙겨주셨으며, 거지가 동냥 와도 빈손으로 보내는 법이 없었다. 그때에는 그렇게 하는 것이 당연하다고 생각했지만, 오늘날의 나의 행동과 비교해보면, "예전의 인심은 그랬지만 지금의 인심은 이래."라는 핑계를 대기에는 그 마음 씀씀이에 엄청난 차이가 있음을 부정할 수 없다. 아버지의 선행이 있어 우리 자식들이 잘 살고 있다는 생각이 든다.

먹을 것이 부족했던 휴전 직후 구호물자의 절반은 곡물이었다. 1953년도의 경우 보리가 곡물의 절반을, 쌀이 4분의 1을, 밀과 옥수수가 나머지를 차지했으며, 그 밖에 미군 야전식량(C-ration)도 제공되었다.[70] 구호물자 중에는 분유도 있었는데, 습기를 머금어 딱딱하게 굳은 분유 덩어리를 쪄먹거나 우유죽[2)]으로 끓여먹기도 했다.[58] 1950년대까지 국내 제과회사에서 만들어 판매한 과자는 샌드과자, 슈크림, 알사탕, 찹쌀떡(모찌), 드롭스, 별사탕, 생과자, 모나카, 캐러멜, 건빵 등의 일본식 과자였지만, 미군부대에서 흘러나온 초콜릿, 껌 같은 양과자들이 시중에 흔하게 팔리면서 1950년대 후반부터는 미국식 과자를 만드는 업체들이 성장하였다. 그 배경에는 제당업 국산화에 의한 안정적 설탕 공급과 PL480호(Public Law 480, 미 공법 480호)에 의해 제공된 저렴한 잉여농산물인 밀가루의 대량 유입이 있다.[71] 어린 시절 먹었던 눈깔사탕, 캐러멜, 모나카, 미제 껌, 웨하스 등이 떠오른다. 사내아이들은 미군 차량이 지나가면 "헬로 껌, 헬로 껌" 하고 외쳤고, 미제 껌 포장지로 쌈치기[3)] 놀이도 했다.[72]

한국전쟁이 끝난 지 60년이 넘었다. 우리나라는 2010년에 1인당 국민소득 2만 달러를 넘어섰고, 곡물과 식료품을 원조 받던 일은 옛이야기가 되었다. 음식, 식량, 식품의 수출입은 더욱 다양해지고 그 규모도 커졌다. 그러나 오히려 쌀을 제외한 농산물은 자급률이 대단

---

2) 우리 민족은 전통적으로 우유를 먹지 않는 민족이었다. 그러나 한국전쟁 중에 미국의 구호물자로 분유가 도입되어 국민들에게 우유죽을 나누어줌으로써 우유를 먹는 습성이 생기게 되었다.

3) 두 주먹 속에서 동전이나 구슬 등을 흔들다가 '잡는 쪽'이 한쪽 주먹 속에 감추고 내밀면 이를 '찍는 쪽'이 '아찌', '뚜비', '쌈' 중 하나를 골라 일정량을 걸고, 맞힌 경우 건 만큼 가져가고 못 맞힌 경우에는 잡는 쪽이 가져가는 도박 놀이이다. 두 주먹 속에 동전을 넣고 흔들 때 나는 소리 때문에 '짤짤이'라고도 한다.

히 낮아 거의 대부분을 수입에 의존하고 있는 실정이다. 식량안보의 관점에서 문제가 아닐 수 없다. 게다가 식품안전의 측면에서는 여러 가지 문제가 발생하고 있다. 중국산 기생충 알 김치 파동[4]의 예 하나만 보아도 우리 먹을거리의 위기가 얼마나 심각한지 잘 알 수 있다.[73] 이른바 먹을거리 위기의 시대에 살고 있다. 정말 정치하기 무척 어려운 시대 상황인 듯하다.

중요한 정치적 아젠다, 먹을거리

정치는 공익에 입각한 권력을 통해 구성원의 갈등을 해결하여 질서를 회복하는 것이다.[74] 현실 정치에서는 정부가 국가의 주권을 대행하여 대외적인 독립과 대내적인 질서를 유지한다. 정부는 정치가와 행정가가 행하는데, 정치가는 정책을 결정하고, 행정가는 그 정책을 집행한다.[75]

정치는 국내정치가 그 본질이지만, 지구상에는 내 나라만 있는 게 아니라 여러 나라가 공존하기 때문에, 오늘날은 다른 나라와의 관계(동맹, 통상 등)를 조절하는 국제정치에도 힘을 기울여 국내외정치의

---

4)   '이번 기생충 알 김치파동은 우리 식품행정의 난맥상을 보여주는 종합판입니다. 도대체 무엇을 안심하고 먹을 수 있을까? 국민들은 불안하기만 합니다. 식약청은 중국산 김치에서 기생충 알이 발견됐을 때는 복통이 우려된다고 했습니다. 그러나 이번 국산 때는 인체에 무해하다고 발표했습니다. 국민의 불신을 증폭시킨 것도, 중국과의 김치마찰을 야기한 것도, 이처럼 갈팡질팡하는 정부당국의 경솔함이었습니다. 먹을거리 문제는 이제 국내문제로 끝나지 않습니다. 대부분 먹을거리를 중국에 의존하는 마당에 중국까지도 들여다봐야 합니다. 일원화된 식품인허가와 단속, 총체적 안전관리, 정밀한 검역체계가 필요합니다.'

균형을 잡아야 한다. 특히 최근에는 국내정치의 국제정치화와 국제정치의 국내정치화의 현상이 자주 나타난다.[76]

하지만 어떤 경우라도 정치의 궁극적인 목적은 내 나라 국민이 인간다운 삶을 영위하도록 함에 있다. 대한민국 헌법 제10조에도 '모든 국민은 인간으로서의 존엄과 가치를 가지며, 행복을 추구할 권리를 가진다.'고 명시하고 있다. 물론 정치인의 목표는 국가를 다스리는 권력을 잡는 데에 있지만 그 권력은 국민이 위임한 권력이라는 것을 잊지 말아야 한다. 왜냐하면 헌법 제1조 ②항에 '대한민국의 주권은 국민에게 있고, 모든 권력은 국민으로부터 나온다.'라고 명시되어 있기 때문이다. 어쨌든 국가를 다스리려면 권력이 있어야 한다.

그렇다면 권력은 무엇인가? 인간사회에는 언제나 갈등이나 분쟁이 있고, 이의 해결은 분쟁 당사자의 힘보다 우월한 힘, 즉 권력에 의해 이루어지게 마련이다. 권력의 본질은 힘에 의한 지배이다. 권력은 물리적 '강제'와 심리적 '정당성'의 두 측면을 갖고 있다. '정당성'은 권력을 인정하여 자발적으로 따르는 경우로서 이 경우 권위라고 표현할 수 있다. 권력은 사회적 지위에 관한 상하 대립관계에서 작용하므로 타율적 · 외면적이나, 권위는 가치에 관한 상하관계에만 적용되기 때문에 자율적 · 내면적이다.[74]

인간의 소망은 대체로 '평화로운 세상에서 자유롭고 행복하게 살고 싶다'는 것이다. 다른 한편 인간은 더 좋은 것을 더 많이 먹고 싶고(식욕), 더 많은 재물을 갖고 싶고(소유욕), 더 높은 자리에 오르고 싶은(권력욕) 상반된 욕망을 지니고 있다. 이렇게 인간은 '소망'과 '욕망'이라는 이율배반적 목표를 동시에 갖고 있다. 정치는 바로 이 율배반적인 두 가지 목표를 동시에 충족, 조화, 조정하여야 하며, 국민요구나 여론에 바탕을 둔 정치를 통해 국민의 삶과 질을 높여야 한다.[77]

집단생활 이전의 원시시대 사람들에게는 이해관계를 해결하기 위한 규범이나 도덕이 필요하지 않았을 것이다. 자연 상태에서 먹을거리의 공급이 수요보다 많았을 것이기 때문에, 아니면 적어도 경쟁이 의미가 없었기 때문에, 인간 사이에 다툼이 없었다. 따라서 인간 사이의 갈등을 조정하고 공정하게 배분해야 할 정치가 필요하지 않았을 것이다. 이로부터 정치가 처음부터 인간 생활과 공존한 것이 아니라 어느 즈음에 와서야 필요성 때문에 만들어졌다는 것을 알 수 있다. 즉, 인간이 필요로 하는 먹을거리, 재산, 권력 등에 대한 수요가 공급보다 많거나 같아진 시기부터 정치가 생겨났음을 의미한다.[77]

인류 사회에서 농업 위주의 정주형(定住型) 생활양식이 자리 잡으면서부터 왕, 관료 등이 생겨났다.[78] 고대사회의 정치적 구조는 식량의 생산과 분배 체계에 근거하고 있었고, 식량은 곧 부였으며, 식량의 지배는 권력이었다. 식량이야말로 문자 그대로 모든 것을 굴러가게 하는 원동력이었다.[44]

그리스 도시국가들의 식량공급 통제는 도시 당국의 중요한 임무였다. 로마의 공화정시대 원로원은 로마 시민에게 곡물을 매달 지급했는데, 이는 식량제공일 뿐만 아니라 시민을 안정시키기 위한 조처였다. 로마의 엘리트들은 식량이 정치력과 긴밀히 연결되어 있어 국민을 먹이는 데 실패하면 정치도 실패한다고 생각했다.[79]

오늘날에도 좋은 먹을거리의 안정적 공급만큼 중요한 정치적 아젠다는 없다. 국가의 임무는 국민의 생명보호에 있고, 먹을거리는 국민의 생명과 직결된다. 식량의 부족과 기아인구의 증가는 공동체 유지를 어렵게 하고, 먹을거리 문제가 해결되지 않으면 사회질서의 유지와 정치적 지배도 가능하지 않다.[80] 먹을거리 정치[79]는 먹을거리를 통제하면서 정치적으로 활용하는 것을 가리킨다.[79] 먹을거리 정치가 잘못된 예로서 1932년부터 1933년까지 우크라이나에서의 기근, 1959년부터 1961년까지 중국의 기근, 1990년대 북한의 기근 등을 들 수 있다.[79] 북한의 먹을거리 문제가 심각함에도 불구하고 북한이 여전히 체제를 유지하는 것은 북한의 먹을거리 정치 때문이라고 한다. 북한 당국은 먹을거리가 충분할 때는 물론이고 부족할 때에도 이에 대한 책임을 외부에 떠넘기며 주민들을 정권에 순응시키고 있다.[79]

먹을거리 정치의 또 하나의 예로서 '식량원조'를 들 수 있다. 식량원조는 정치적 영향력의 확장과 시장개척의 수단이다. 쌀과 보리 중심이던 우리나라 식생활은 미국의 잉여농산물 제공으로 1953년부터 밀에 의존하는 식생활로 바뀌기 시작했다. 1963년 혼분식을 장려하는 전국절미운동이 시작되었고, 그 후 밀 소비의 절대량을 외국에서 수입하게 되었으며, 1인당 쌀 소비량은 점차 줄어들었다.[81]

음식은 인간의 생존에 필수적이므로 안전하고 충분한 음식의 섭취, 즉 식량권은 기본적 인권이다. 현재 세계 식량 생산량은 60억 명이 먹고도 남는 분량임에도 불구하고 전 세계 8억 명이 굶주리고 있다. 그 원인은 세계의 식량부족이 아니라 빈곤과 식량을 이용하는 방식에 있다. 세계인구의 40% 이상이 1일 2달러 미만으로 살아가는 한편, 식량의 많은 양이 쇠고기 생산을 위한 소의 사료로 사용되고 있다.

프랑스나 미국의 초기 인권선언에는 식량권에 대한 직접적인 언급이 없었다. 아마 먹을거리의 보장을 당연한 것으로 여겼거나 먹는 문제에 대한 공동체 책임을 전제했기 때문이리라. UN은 적절한 식량에 대한 접근을 개인의 권리이자 집단의 책임으로 인정하였다. 1948년 세계인권선언 제25조에는 '모든 사람은 먹을거리, 입을 옷, 주택, 의료, 사회서비스 등을 포함해 가족의 건강과 행복에 적합한 생활수준을 누릴 권리가 있다.'고 명시되어 있다. 국제식량농업기구(FAO)는 개인의 기본 인권으로 적절한 식량권을 제안하였고, 개인이 국가에 적절한 식량을 요구할 권리를 가지고 있음을 인정하였다.

식량권은 인간 생존과 인간다운 삶은 물론 사회와 국가의 안정된 존속과 식량주권의 확보에 중요하다. 국가는 식량권을 존중해야 하고, 이 권리가 박탈되지 않도록 보호해야 하며, 식량을 자급할 수 있

는 환경을 만들거나 공급하도록 해야 한다.[82]

먹을거리 위기는 먹을거리의 안정적인 공급이 안 될 때 안전한 먹을거리의 공급이 원활하지 않을 때 일어난다. 안전한 먹을거리를 안정적으로 먹을 수 있을 때 그 위기를 극복할 수 있고, 먹을거리 주권도 지킬 수 있다. 먹을거리 위기는 각 국가가 우선적으로 해결해야 하는 정치과제이다.[83]

먹을거리
경제학

외식산업의 발달과 가정의 행복

어렸을 때 겨울은 진짜 동장군이었다. 추운 날 아침에 일어나 보면 머리맡의 자리끼(잠자리의 머리맡에 준비하여 두는 물)가 꽁꽁 얼어 있었고, 나가려고 방문 문고리라도 잡으면 손이 쩍 달라붙었다. 무명 옷이라 그런지 아무리 많이 껴입어도 추웠다. 그래도 따끈한 아랫목에 누워 윗목에 있는 쌀가마니만 보면 행복했다. 김칫독에서 갓 꺼내온 김치에는 으레 얼음이 들어 있어 먹는 재미가 있었다. 밥과 김치만 있으면 추운 겨울도 오케이였다. 어쩌다 가족이 영화 한 편 함께 본 뒤 불고기라도 먹게 되면 아무리 추운 겨울도 따스하게 느껴졌다. 이 세상에 이보다 더 행복한 경제활동이 있겠는가?

　어렸을 때 온 동네 사람이 다 모일 때가 있다. 월동을 위해 김장을 할 때와 연탄을 들여놓을 때에는 어른 아이 할 것 없이 온 동네 사람이 다 나와서 함께 도왔다. 식구 수에 따라 다르기는 하지만 보통 한 집에 배추김치 200포기 정도 담그는 일이 흔했다. 또 연탄은 겨울에 눈이 오거나 미끄러우면 배달을 해주지 않기 때문에 미리 200, 300장을 헛간에 들여놓았다. 김장과 연탄 들여놓기, 이 두 가지 일만큼은 온 동네 사람이 협동하였다. 아이들은 일렬로 서서 배추를 넘겨주며 날랐다. 신이 나서 일했다. 재미있었다. 간혹 배추가 땅에 떨어지기도 했지만 보람을 느꼈다. 연탄을 실은 리어카를 뒤에서 밀었다. 아이들은 많이 나르지 못하니까 새끼줄을 끼운 연탄 한 개나 두 개를 날랐다. 다 나르고 나면 손과 얼굴에 검댕이가 묻었다. 그래도 서로 얼굴을 보고 놀려대며 즐거워했다. 경제의 측면에서 보면 배추와 연탄은 재화이고 배추와 연탄을 나르는 행위는 용역이다. 칭찬도 듣고 용돈도 생기면 더할 나위 없이 좋은 경제적 행위이다. 경제가 별건가? 재화와 용역을 생산·분배·소비하는 활동 아니던가?

음식을 가정 밖에서 만들면 외식(外食)이라고 하고 이와 대조적으로 가정에서 음식을 만들어 먹는 일을 가정식 또는 내식(內食)이라고 한다. 외식으로 제공된 음식은 재화이고 이를 만드는 행위는 용역이다. 즉 수익을 창출하는 경제활동이다. 이런 산업을 요즈음 외식산업이라고 부른다. 우리나라에 음식점이 많은 이유 중 하나는 공동체에서 함께 먹는 음식을 집에서 만드는 대신 밖에서 해결하기 때문이다. 결혼식 피로연, 돌잔치, 회갑연, 직장인 회식, 동창회, 동호인 모임 등에서 수많은 사람들이 공동체 소속감을 확인하기 위해 함께 외식을 한다.

외식산업이 발달할수록 가정에서 함께 하는 식사, 특히 함께 만드는 식사의 횟수나 양은 줄어든다. 그렇다고 가정식을 먹기 위해 외식산업이 발달하지 말아야 한다는 것은 아니다. 다만 외식산업의 발달이 가정의 행복과 어긋나서는 안 된다는 뜻이다. 소비자가 외식으로만 모든 식사를 해결하려 한다면 소비자 자신의 행복은 위축된다. 따라서 소비자는 건전하고 균형 잡힌 식행동을 함으로써 가정의 행복과 외식산업의 건전한 성장을 함께 도모해야 한다. 외식산업도 가정의 행복을 염두에 두고 경제활동을 해야 한다.

특별히 음식시장은 환경문제나 생명문제와 관련이 있기 때문에 시장의 무한한 자유만을 추구하면 안 되고, 환경문제나 생명문제를 적절히 조율해야 한다. 음식시장이 이익의 극대화를 위한 자본의 자유에만 몰입할 경우 음식의 경제적 의미는 살 수 있을지 몰라도 음식의 본질, 생명과 행복을 위한 본질로부터 멀어질 수 있다. 사람은 가정에서 음식을 먹으며 살아간다. 음식은 경제적 측면도 있지만 본질적으로 비경제적임을 잊지 말아야 한다.

먹을거리 경제는 경제의 모든 기초

사람이 살아나가기 위해서는 재화가 필요한데, 재화 중에는 공기처럼 인간의 욕망에 비해 무한정으로 존재하여 매매나 점유의 대상이 되지 않는 자유재도 있으나, 대개는 욕망에 비하여 그 양이 한정되어 있어 매매나 점유의 대상이 되는 경제재이다.[84] 경제란 생산수단과 노동으로서 경제재를 획득(생산)하고, 그 생산물을 분배·소비하는 과정을 말한다. 무한한 욕망에 비해 제한된 재화 때문에 선택의 문제에 직면하게 되며, 이 선택의 문제로 고민하는 과정이 바로 '경제하는' 과정이다. 이 선택은 목표를 가장 효율적으로 달성할 수 있는 합리적 선택이라야 한다. 물론 이 합리성은 목표 자체가 합리적인가 하는 질문과는 다르다.[85]

인간은 매일 많은 재화와 서비스를 소비하며 생활하고 있다. 먹을거리와 같이 삶에 직접적으로 필요한 재화, 자동차같이 보다 편리함을 위한 재화, 음악이나 연극 같은 풍요로움을 제공하는 서비스 등을 소비한다. 이 소비를 위해 소비재를 생산, 수송, 분배해야 하는데 그 기능을 수행하는 것이 바로 경제의 역할이다. 먹을거리는 생존을 위해 없어서는 안 된다는 점에서 모든 소비재 중에서 특별한 위치에 있다. 먹을거리 경제는 역사적·사회적으로 경제의 모든 기초를 이루고 있다. 먹을거리 경제의 발전은 4단계로 나눌 수 있다.[86] 1단계는 소비자가 먹을거리를 생산하는 자급자족의 단계이다. 2단계는 생산, 유통, 소비의 세 가지로 이루어지는 분업의 단계이다. 3단계는 가공식품의 형태로 소비하는 단계이며 식품공업이 중요한 역할을 한다. 4단계는 외식의 비중이 큰 단계이다.

경제성장과 더불어 식품산업이 발전하였고, 경제적 발전으로 인해 음식의 소비문화가 외식을 선호하는 문화로 바뀌게 됨으로써 외식산업도 크게 성장하였다.[51] 국내 외식산업의 시장규모는 1990년 약 18조 원에서 2004년 약 48조 원으로 2.5배 이상 급성장하였고 2006년에는 50조 원을 돌파했으며 2008년에는 60조 원을 넘어섰다고 한다.[87]

먹을거리 경제학은 안전하고 맛있고 가격이 저렴한 먹을거리를 공급하여 보다 풍요로운 식생활을 실현하기 위한 학문이다. 그 대상인 먹을거리는 몇 가지 특성이 있다.[86] 첫째로 절대적인 필수성이다. 먹을거리 없이는 살아갈 수 없다는 의미이다. 둘째로 포화성이다. 사람의 소화능력에 한계가 있고 먹을거리의 보존도 어렵기 때문에 소비량은 포화점에 달한다. 먹을거리의 필수성과 포화성이라는 상반되는 특성 때문에 먹을거리의 적정 공급량은 대단히 좁은 범위에서 한정된다. 다시 말해 먹을거리는 공급이 부족하면 큰 문제가 되지만 공급이 많다고 좋은 것도 아니다. 특히 채소나 과일은 약간의 공급부족이 가격폭등을 일으키고, 필요 이상의 공급은 가격폭락을 일으켜 풍작빈곤과 같은 문제를 일으킨다. 셋째 안전성이다. 모든 사람이 매일 먹는다는 의미에서 먹을거리의 안전성은 대단히 중요한데, 오늘날은 생산에서 소비까지 복잡하고 긴 단계를 거치기 때문에 안전성을 확인하기 어렵다. 넷째, 습관성이다. 소비자는 안전하다고 신뢰할 수 있는 브랜드, 맛있다고 각인된 브랜드를 반복적으로 찾을 가능성이 높다. 다섯째, 신선성이다. 먹을거리의 신선성은 맛과 안전성을 높이는 요인도 된다. 소비자는 유통기한이 긴 가공식품마저도 신선한 것을 구입하려 한다.

가격이 변할 때 수요가 많이 변하면 '탄력적', 수요가 적게 변하면 '비탄력적'이라고 표현한다. 가격이 1% 변했을 때 수요가 변한 정도를 '수요의 가격 탄력성'이라고 하고, 소득이 변할 때 수요가 얼마나 변하는지를 '수요의 소득 탄력성'이라고 한다. 사치품에 대한 수요는 비탄력적인 반면, 먹을거리와 같은 생활필수품에 대한 수요는 탄력적이다.[88] 같은 먹을거리라도 수요의 소득탄력성은 사치성의 정도에 따라 달라지는데, 탄력성은 스타벅스의 커피가 큰 반면 맥도날드의 햄버거는 작다. 따라서 불황이 오면 스타벅스의 수익성은 떨어지지만 맥도날드의 수익성은 올라갈 가능성이 있다.[85]

음식을 통한
사회화

음식 자체의 사회적 속성

어머니의 젖을 먹으면서부터 나는 이 사회의 일원이 되는 준비, 즉 사회화를 시작하였다. 어렸을 때 동지가 되면 어머니는 늘 팥죽을 끓이셨다. 난 진밥에 가까울 정도로 걸쭉한 팥죽보다 설탕과 새알심을 더 넣어 달착지근하고 흐름성이 좋은 단팥죽을 해달라고 칭얼거렸다. 하지만 어머니는 소금을 넣은 걸쭉한 팥죽을 주시면서, "먹기 싫어도 다 먹어야 해." 하고 단호하게 말씀하셨다. 어머니는 내가 동지팥죽다운 동지팥죽을 먹고 건강하기를 바라셨고, 마셔도 될 정도로 물이 많고 달착지근한 단팥죽은 효험이 떨어진다고 믿으셨다. 또 입춘이 되면 무를 큼직하게 썰어서 먹으라고 주셨다. 무는 어린 내 입에는 매웠고 그래서 나는 한입 베어 먹고는 더는 먹으려 하지 않았다. 어머니는 내가 다 먹을 때까지 지켜보셨고, 나는 맵다고 엄살을 떨면서도 다 먹을 수밖에 없었다. 어머니께서 이렇게 하신 것은 함경남도 풍습에서 입춘 날 무를 먹으면 늙지 않는다고 하였기 때문이었다. 그래서 지금 내가 나이보다 조금 어려 보이나 보다.

누구에게나 다 그렇지만 어렸을 때 설날은 세뱃돈을 상상하면서 손꼽아 기다리는 명절이었다. 어머니는 보름 전부터 음식재료를 사오시고 음식을 차례차례 장만해 저장해두셨다. 냉장고가 없던 그 시절엔 온기가 없는 다락이 겨울철 음식을 보관하기에 안성맞춤인 장소였다. 부모님 고향인 함경남도 흥남의 관습에 따라 우리 집 차례상에는 늘 가자미, 도미, 조기와 같은 생선을 구워 올렸다. 맛있는 생선 굽는 냄새가 온 집안을 가득 채워도 차례가 끝날 때까지 참아야 했다. 본능적인 식욕을 참는 건 무척 힘들었지만 사회의 일원이 되기 위해 중요한 훈련이었다.

오징어튀김은 차례상에는 오르지 않았지만 기름에 튀겨 소쿠리에 가득 담아 다락에 두셨다. 오징어튀김은 약간 달큰한 기름진 맛이 너무 좋았다. 하나를 먹으면 또 하나를 집게 되는 중독성도 있었다. 오징어튀김이 있는 다락방은 어린아이가 오르기에는 가파르고 힘겨운 코스였다. 하지만 난 어머니가 안 계시면 다락에 몰래 올라가 입술에 기름이 묻는 줄도 모르고 열심히 먹어댔다. 겉은 바삭하고 속은 쫄깃하고 기름기 흐르던 오징어튀김의 맛. 그 맛은 요즘 일식집에서 먹는 비싼 튀김보다 훨씬 좋았다. 어머니께 들켰을 때 안 먹었다고 거짓말하는 내 입가에는 기름이 번지르르했다. 가끔 혼나면서도 이렇게 나는 사회를 배워가고 있었다.

여덟 살까지 막내였던 나는 집안 어른들의 귀염을 독차지했고 네 살 위 누나는 그렇지 못했다. 집에 손님이 오면 나와 누나는 용돈을 기대하고 깍듯하게 인사를 하였다. 손님들은 으레 어린 나에게만 용돈을 주었고 나는 그 용돈으로 맛있는 것을 사먹었다. 누나는 향기를 풍기며 껌을 씹는 의기양양한 나를 졸졸 따라 다니며 껌 하나 달라고 졸랐다. 나는 줄 수 없다고 뻐겼고, 급기야 누나는 씹던 껌이라도 달라고 한 수 접었다. 나는 그래도 주지 않았다. 그러자 누나는 "이제 단물 다 빠졌잖아. 얘, 이젠 새 껌 먹어. 먹던 건 나 주고." 하고 애걸복걸하였다. 그제야 나는 단물 빠진 껌을 아까운 듯 누나에게 주었고 누나는 더럽지도 않은지 그 껌을 받아 씹으면서 행복해했고 벽에 붙여놓았다가 심심하면 또 씹고 그랬다. 아무리 어린애라지만 참 못되게 굴었다는 생각이 든다. 이랬던 내가 교수까지 되었으니 누나에게 많이 미안하다.

결혼해서 대전에 살고 있을 때 어머니께서 우리 집에 오셨다. 나는 어머니께 특식을 대접한답시고 볶음밥을 최선을 다해 만들었다. 나는 '짠!' 하면서 정성을 다해 만든 '아들 표' 볶음밥을 어머니 앞에 자랑스럽게 내놓았다. 그런데 어머니 표정에는 기쁨이 없었다. 어렸을 때 심부름은 시켰지만 요리나 설거지는 절대 시키지 않았던 귀한 아들이 밥을 볶아대는 모습이 마음에 걸리셨던 것이다. "남자가 부엌에 들어가면 고추 떨어진다.”고 말씀하셨던 어머니가 아니신가. 자식을 결혼시켜봐야 부모 심정을 안다더니, 언젠가 결혼한 아들 내외가 식사 초대를 해서 집에 간 적이 있는데, 그 자리에서 어머니의 심정을 조금은 이해할 수 있었다. 아들이 “그릇을 많이 쓰면 설거지 거리가 많아져.” 하며 툴툴거리는 것이었다. 그렇다. 며느리는 음식 담당, 아들은 설거지 담당이었던 것이다. 식사를 마치면 그때부터 아들의 업무가 시작되는 것이었다. 우리 부부는 가톨릭의 ME주말(매리지 엔카운터, marriage encounter)[5]과 약혼자주말(engaged encounter, EE)을 경험하였고, 그래서 부부 사이의 가사 분담에 너무도 익숙하지 않은가.[89] 그럼에도 불구하고 가슴 한구석이 싸한 것은 어쩔 수 없는 부모의 마음인가보다.

우리 집은 3층인데 4층에 새 이웃이 이사를 왔다. ‘딩동!’ 벨이 울리기에 내다보았더니 4층에 이사 온 부인이 식용유 두 병이 들어 있는 선물세트를 건네주는 것이었다. 고맙다고 받으면서 뭘 이런 걸 다 가져오느냐고 했더니, “저희 집 애들이 너무 시끄러워서요. 이해 좀 해주시라고요.” 하는 것이 아닌가. 시끄러우면 얼마나 시끄러울까 하고 대수롭지 않게 생각했는데, 공을 굴리며 뛰어다니고 소리지르며 노는데, 장난이 아니었다. 그래도 마음이 식용유로 기름칠이

---

5)   대화로 부부관계를 개선하고 혼인 생활의 참다운 의미를 발견하게 하여 가정과 교회와 사회를 쇄신하려는 운동

되어서 그런지 참을 만한 게 아닌가? 참 사람 마음이란 게 묘하다. 어느 날 정말 더는 못 참을 만할 때 누가 준 떡이 있기에 4층 집에 갖다 주었다. 집에는 애들만 있었다. 애들은 과연 올망졸망했고 여자애 둘에 남자애 하나였는데, 사내 녀석이 꽤나 부잡스러워 보였다. "너희들 너무 시끄럽게 하면 안 돼." 하고 으름장을 놓았는데, 떡의 효과는 며칠 가지 못했다. 아마 아이들 엄마가 집에 돌아와서 "웬 떡이냐?"고 아이들에게 물었을 것이고, '아랫집에서 가져 왔고 떠들지 말라고 했다.'는 말을 전해 들었으리라. 그래서 그나마 며칠은 조용했던 것이다. 도대체 음식은 무엇이기에 아파트처럼 삭막한 요즈음의 사회에서도 중재의 역할을 할까?

IMF 대량실직 때 내가 다니던 성당에서 매주 토요일마다 노숙인들을 위해 점심식사를 제공했다. 노숙인에게 한 끼의 식사는 체온을 유지하고 하루하루 삶을 유지하는 일용할 양식이었다. 그 식사가 없다면 굶어야 하고 굶으면 점점 체력이 고갈되고 건강이 악화되는, 그런 각박한 삶이었다. 성당에서는 1인당 500원씩 별도로 주었다. 노숙인들은 삼삼오오 공원에 모여 각자 받은 500원씩을 모아 소주를 사서 마셨다. 어떤 사람은 500원이 사람들을 망칠 뿐이라고 주지 말자고 했지만 많은 사람들은 그냥 계속 주자고 했다. 나 자신도 그들의 생활이 바람직하지는 않지만 나라님도 할 수 없다는 가난 구제를 위해 더 적극적으로 나설 수 있는 입장도 아니었으므로 이것이 우리의 최선일 거라고 생각했다. 빚에 쫓겨 집을 나와 길거리를 배회하는 사람들의 한 끼 식사는 도대체 무슨 의미가 있을까? 어떤 날은 굶을 수도 있을 것이다. 지속적으로 먹을 것이 보장되지 않기 때문에, 그 한 끼니라도 없다면 도가 트인 사람 아니면 체념이나 무기력에 빠지거나 비탄에 빠지게 될 것이다. 그러니 음식을 제공하여 적어도 생명을 유지하도록 도와주는 것은 그 자체로 중요하지 않겠는가.

나는 오늘도 직장, 동창, 성당, 친구, 친족, 동호회 등 여러 가지 사회에 속해 다양한 위치에서 살고 있다. 내가 속한 사회는 다 특성이 다르다. 나는 성당의 성가대에서 노래를 한 적이 있는데, 연습시간이 많아 힘들지만 노래를 부르고 나면 마음이 편안해지고 잠도 잘 온다. 하지만 성가대도 사회의 모임이고 그래서 노래만 하지는 않는다. 사람들의 모임이기에 음식나눔은 빠지지 않는다. 음식은 노래를 하는 모임이건 자전거를 타는 모임이건 공부를 하는 모임이건 빠지지 않는 단골메뉴이다. 음식은 그 자체로 사회적 속성을 지니고 있다. 다만 음식나눔이 너무 잦으면 본말이 전도되는 문제가 생긴다.

음식은 사회의 매체

사회는 모임이고 모임에는 음식이 존재한다. 사회학[61]은 사회 속의 인간 또는 사회와 인간에 대한 연구이다. 이미 앞부분에서 사회 가운데 가정, 지역, 민족·국가, 세계에 대해 살펴보았으므로 여기서는 개인의 사회화와 음식의 관계 그리고 사회 자체와 음식의 관계를 중심으로 살펴본다.

부모가 자식을 낳아 키우는 것과 자식이 태어나 성장하는 것, 모두 사회 안에서 이루어진다. 사회화[61]는 사람이 살면서 사회의 가치와 문화를 내면화하는 과정이다. 사회화를 통해 사람은 사회의 가치를 배우고 자아를 형성한다. 즉 사회화에는 두 가지 상호보완적인 과정, 즉 사회적·문화적 유산의 전승과 퍼스낼리티의 형성이 포함된다. 이 사회화는 사람이 태어나면서부터 시작된다. 처음에는 어머니와의 접촉에서 그리고 자라면서 가족을 중심으로 가장 기본적인 사회적 가치와 문화를 배운다. 태어나서 청년에 이르기까지의 사회화를 '원초적 사회화'라고 하고, 성인이 되어 새로운 상황에 적응하며 나타나는 사회화를 '2차적 사회화' 또는 '재사회화'라고 한다.

우선 사회화와 음식의 관계를 살펴보자. 인간의 사회화는 음식을 먹는 행위로부터 비롯된다.[90] 즉 아기가 처음 젖을 빨 때 이미 '사회화'가 시작되는 것이다. 유년기 음식섭취의 경험은 삶의 원초적 토대가 되고, 어린 시절 음식과 관련된 갖가지 상황들은 평생 기억에 남는 법이다. 게다가 사람에게 제공되는 음식은 그 자체가 해당사회의 생태적 조건과 역사에 의해 선택되고 가공된 것이 아닌가.

사회는 사람들 사이의 교류에 의해 이루어지고, 이때 친밀한 관계의 상징이 음식이다. 음식을 함께 나누어 먹는다는 사실은 사람들 사이의 관계가 형식적인 수준을 넘어 한 단계 밀착된 관계로 진입한다는 것을 가리킨다. 사람들은 제사상에 음식을 올리고, 보이지 않는 대상과 소통하며, 제사를 지낸 후 음식을 나누어 먹으면서 한 식구라는 사실을 확인한다. 집단의 지도부는 구성원들이 회식을 통해 긴장과 거리감을 해소하고 '한 식구'라는 일체감을 갖기를 바란다.[90]

흔히 사람 사이의 관계는 '선물'에 의해 돈독해진다. 그래서 사람들은 해마다 명절에 가까운 사람들에게 음식을 선물로 보낸다. 이렇게 음식은 사회적 소통의 매개체이다. 예전엔 떡을 밥보다 더 귀하게 여겼기 때문에 떡은 이웃 사이에 정으로 나누던 귀한 선물이었다. 물론 인삼같이 더 귀한 선물도 있었지만 이것은 어디까지나 약재이지 음식이라고 보기 어렵기 때문에 음식 가운데에서는 떡이야말로 주는 사람 받는 사람 모두 좋아하는 선물이었다. 그런데 선물은 뇌물의 속성도 가지고 있지 않은가. 무언가 바라는 것이 있다는 것이다. 이 바라는 것이 단순히 사랑 받고 싶다든가 인정받고 싶다는 정도라면 별 문제가 없지만, 바라는 것이 진급의 배려라든가 계약의 성사라면 뇌물이 될 수 있다. '떡값'이라는 말에는 뇌물의 수준으로는 낮은 편이라는 의미도 있다. 관련 공무원에게 명절 잘 쇠라고 떡값으로 준 걸 가지고 뭘 그렇게 호들갑을 떠느냐는 말도 있지 않은가.

오늘날 우리의 10대나 20대 중에서 1960년대까지의 '보릿고개'를 아는 사람은 별로 없다. 이 당시 농촌에서는 산나물이나 나무껍질을 보리에 섞어 죽을 쑤어 끼니를 때웠고, 도시 노동자의 상당수는 미군부대에서 먹고 남긴 음식을 모아 끓인 이른바 '꿀꿀이죽'으로 배를 채웠다. 그 후 50년이 채 안 된 오늘날의 한국은 어느 나라보다 각종 음식으로 넘쳐나는 음식천국이 되었다. TV를 켜보면 음식에 관한 프로그램을 방영하지 않는 방송이 거의 없다.[90] 현대인의 식생활은 여러 면에서 과거와 다르다. 가족들이 예전처럼 같은 밥상에서 함께 음식을 먹기 어렵고, 온 가족이 모이는 것은 쉬는 날에나 가능하다. 전통사회처럼 사람들의 일과가 대부분 육체노동일 경우 음식은 중요한 에너지원이었지만, 오늘날은 육체노동에 종사하지 않는 경우가 많아 식생활도 많이 달라졌다. 음식은 특정한 시간과 공간에 한정되지 않는 전천후의 상품이 되었다.[90]

　오늘날의 한국사회에서 음식을 먹는 일은 외적으로 평등해 보인다. 상업화와 교통의 발달로 사람들 집단 사이의 경계는 무너졌고 오히려 대부분의 사람들에게 공통적으로 영양의 과다, 비만 등 각종 질병이 문제되지 않는가. 하지만 한 겹 벗겨보면 실상은 평등하다고 보기는 어렵다. 점심식사를 할 때[90] 노숙자와 빈민은 거리나 광장에서 공짜로 먹으며, 10분 정도의 짧은 시간 동안 대화 없이 오로지 먹는 일에만 열중한다. 비정규직은 0~5,000원의 식사를 휴게실 또는 회사식당에서 시간에 쫓기며 10, 20분 안에 먹어야 하는데, 먹으면서도 손님을 의식하는 등 업무의 연장이 되기 쉽다. 정규생산직은 회사가 30~50% 지원하여 저렴해진 1,200원~2,500원의 점심을 주로 회사식당에서 먹고, 많은 동료들과 편하게 대화하면서 50분 정도 식사를 한다. 정규사무직은 4,000~1만 2,000원의 식사를 일반식당에서 하는데, 친한 이들끼리 삼삼오오 주로 업무 관련 대화를 하며 50분~2시간 동안 먹는다. 부유층의 식사는 잘 알기 어려운데 고급식당이나 호텔에서 둘에서 넷 정도의 인원이 고급정보를 공유하며 식사를 즐긴다.

아무리 시대가 달라져도, 수많은 음식이 넘쳐나는 폭식의 시대라 하더라도, 음식은 단순히 개별 인간의 생존을 위한 영양소에 그치는 것이 아니라, 타인에 의해 제공되고 '식구'라는 공동체와 함께 나누는 시원적인 매체라는 사실을 명심할 필요가 있다.[90]

진화하는 음식문화

10

음식 문화와 '뽀빠이'교

음식은 늘 조금씩 변한다. 음식재료도 변하고 기후도 변하고 사람의 식성도 변하니 음식이 변하지 않을 수 없다. 음식이 변하면 음식문화도 달라지고 음식에 대한 생각도 달라진다. 밀가루를 먹지 않을 때 밀가루 음식은 소화가 잘 안 되는 것으로 여겼다. 그래서 떡은 소화가 잘 되는데 빵은 소화가 잘 되지 않는다는 사람이 종종 있다. 사실 밀가루 단백질보다 쌀 단백질이 소화가 잘 된다고 하지만 그 차이가 그렇게 큰 것인지 모르겠다. 우리가 오랫동안 먹어왔던 쌀보다 덜 익숙해서 그렇지 않겠는가? 음식은 변한다. 그리고 사람들도 자연스럽게 그 변화에 맞춰 변한다. 미국의 구호물자로 들어온 분유를 쪄먹던 사람들은 우유를 마실 때 비릿하다고 소금을 넣었다. 지금은 다들 그냥 마신다. 변한 것이다. 식성도 생각도 다 변한 것이다. 하지만 변하지 않는 것이 있다. 음식에 대한 아름다운 추억이다. 만화 『식객』에서 미국 입양아가 올개쌀을 못 잊는 장면이 나온다. 올개쌀은 햅쌀을 쪄서 말린 것이다. 입양되기 전에 생모가 입에 넣어주던 올개쌀의 추억은 그를 아직도 한국인이게 했다. 음식과 더불어 형성된 정체성은 잘 변하지 않는다.

어렸을 때 어머니는 나를 데리고 절에 가시곤 했다. 염불보다 잿밥에 관심이 많았던 나는 절에서 주는 밥을 좋아했다. 약수로 지은 밥은 색깔이 초록색이었다. 아마 철분이 많아서 그러하리라. 분명히 기억나는 것은 밥을 먹는 방식이다. 밥은 절대 남기면 안 되었고 빈 밥그릇에 물을 부어 깨끗이 가셔먹어야 했다. 어린 나이에 겪은 특이한 경험이었다. 그 다음에도 절밥을 몇 차례 먹어보았는데, 그렇게 시퍼런 밥은 드물었지만 먹는 분위기는 다 비슷했다. 또 집에서 제사를 지내면 제삿밥을 문 앞에 두는 관습이 있었다. 귀신이 와서 먹고 간다는 이야기이다. 그리고 귀신이 먹은 밥은 찰기가 없고 맛이 없다고 하였다. 아버지 산소에 가면 먼저 산신령에 해당하는 나무 그루터기에 술을 붓고 절을 한 후 제사를 모셨다. 그리고 제사가 끝나면 '고수레(고시래)' 하며 음식을 무덤 주위에 흩뿌렸다. 이 모두 샤머니즘적인 행위라고 볼 수 있다. 고수레를 하지 않고 먹으면 안 된다고 어머니가 말씀하셨다. '체하거나 아프거나⋯⋯' 한 마디로 행복해지지 않는다는 것이다. 하지만 지금은 나도 안 하고 자식에게도 그렇게 가르치지 않는다. 음식과 관련된 문화적 행위는 이렇게 변하고 있다. 음식문화도 변하고 있다. 다른 문화가 진화하듯이.

흔히 '전라도 음식' 하면 반찬 가짓수를 떠올린다. 나는 광주직할시에서 3년 동안 산 적이 있었는데, 점심식사를 하러 식당에 가면 반찬이 10가지 이상 나와 놀랐다. 반찬 한 가지씩 맛만 봐도 밥 한 그릇을 다 비울 정도로 많은 반찬이었다. 반찬에는 젓갈이 많이 들어갔고 그래서 그런지 김치 맛도 진했다. 어느 날 생고기를 먹으러 갔더니 배를 썰어 넣은 육회가 아니라 쇠고기를 그냥 썰어 기름소금장에 찍어 먹는 방식이었다. 한 번도 안 먹어본데다가 혹시 기생충이라도 있으면 어떻게 하나 걱정도 되었지만 용기를 내어 먹어 보았다. 그 맛은 참 훌륭했다. 또 육전(쇠고기전)을 먹으러 갔더니 얇게 썬 쇠고기에 전분가루나 밀가루를 묻혀 미리 풀어넣은 달걀을 입힌 다음, 기름을 충분히 넣은 프라이팬에서 살짝 익혀 깨소금을 찍어 먹는 방식이었다. 그 맛 또한 일품이었다.

음식문화는 그 지역에서 나는 농축수산물을 기후에 알맞게 발효하거나 가공 저장한 것을 토대로 발전한다. 제사음식도 지방에 따라 다르다. 우리 집 제사상에는 여러 가지 생선을 올리지만, 경기도 옥천이 고향인 우리 처가댁에서는 생선 가운데 조기만 올린다. 지방에 따라 상어도 오르고 문어도 오른다고 하지 않는가. 이렇게 음식문화는 자연스럽게 형성되는 것이다. 산과 강, 그리고 바다로 지역이 나뉜 우리나라에서는 지역 특산물과 그로 인한 별미 음식이 많지 않은가? 곤드레 밥은 영월 지방 등 강원도의 음식이다. 오늘날은 교통수단의 발달로 인해 여러 지역의 음식문화가 섞이기 시작했으며 소위 퓨전 음식문화도 발전하고 있다. 쇠고기를 잘 먹지 않던 우리 민족이 몽골의 영향으로 쇠고기를 먹게 되었다는 것을 생각하면 이러한 변화는 애써 차단할 것이 아니라 변화를 긍정적으로 받아들일 필요가 있다. 하지만 예부터 전해오는 고유한 음식문화는 그 자체가 상당한 의미가 깃든 것이므로 이 또한 지켜나가야 한다.

대부분의 터키 국민은 이슬람 신자이고 이슬람교에서는 돼지고기를 금한다. 그래서 터키에 있는 한국 교민들에게는 삼겹살 구이가 가장 먹고 싶은 음식 가운데 하나라고 한다. 터키 내의 한국 식료품점에서 '삼겹살 왔습니다.' 하는 광고가 웹상에 뜨면 금방 동나버린다고 한다. 재미있는 식문화의 상대성이 아닌가?

초등학교 때 우리 집에는 '뽀삐'라는 강아지가 있었다. 아주 작고 귀여운 이 강아지는 너무 어려 천방지축 뛰어다니기 바빴다. 뽀삐는 내가 학교에 갈 때 늘 나를 졸졸 따라다녔다. 나는 학교 가는 길에 뒤를 돌아보며 "뽀삐, 집에 가!" 하고 소리를 질렀다. 그러면 뽀삐는 고개를 뚝 떨어뜨리고 마지못해 무거운 발걸음을 돌리곤 했다. 난 학교만 끝나면 얼른 집으로 달려가 뽀삐랑 신나게 놀았다. 그러던 어느 날 평상시처럼 학교 가는 길에 "집에 가." 하며 소리치던 나와 술래잡기하던 뽀삐가 뜻밖의 사고를 당했다. 차에 치인 것이다. 나는 놀라 '뽀삐'를 부르며 달려갔지만 이미 뽀삐는 살기 어려운 상태였다. 그때 잘 아는 동네 아저씨가 뽀삐를 안고 집에 데려갈 테니 늦기 전에 학교에 가라고 해서 아저씨를 믿고 학교에 갔다. 노심초사 끝에 학교가 끝난 다음 집으로 달려갔다. 하지만 뽀삐는 아무 데도 없었다. '뽀삐' 하고 부르며 동네를 미친 듯이 돌아다니는 나를 보고 동네 친구들이 들려주는 말이 동네 아저씨 몇 명이 이미 뽀삐를 먹었다는 것이다. 난 집으로 달려가서 엄마에게 엉엉 울면서 이 사실을 일렀지만 모든 일은 다 끝난 뒤였다. 내가 겨우 할 수 있는 최선의 장례 의식은 그냥 엄마 품에 안겨 우는 것이었다. 어른들이 내 강아지를 먹었다는 것은 결코 이해할 수도 용서할 수도 없는 정말 몰상식하고 야만적인 행위였다. 아이와 어른의 문화는 많이 다르다.

어느 날 막내였던 어린 나를 누나들과 형들이 영도다리 밑에서 주워 왔다고 장난을 쳤다. "아니야, 말도 안 돼." 하고 말해도 네 명이 이구동성으로 심각한 낯빛으로 말을 하니 마음 약하고 어린 나는 결국 그 말에 속을 수밖에 없었다. 난 엉엉 울면서 "아버지 엄마한테 간다. 가서 물어본다. 으앙." 하며 문을 나섰다. 내 뒤통수에 대고 형들과 누나들은 말했다. "그래 가봐라. 틀림없이 주워왔다고 하실걸?" 난 확인 사살하는 듯한 그 말을 곱씹고 곱씹으며 통통 부은 눈과 눈물 콧물 범벅인 얼굴로 시장에서 장사하시던 부모님께 달려갔다. 그리고 물었다. "나 진짜 주워왔어?" 부모님은 나를 바라보며 한참 재미있게 웃으시더니 "형들과 누나들이 장난친 거야. 우리 아들 엄마가 낳았지, 암 낳았고 말고." 하며 날 달래주셨다.

푸욱 안도의 한숨을 쉬는 어린 마음을 달래주기 위해 아버지는 국밥집으로 날 데려가서 맛있는 국밥을 사주셨다. 난 한결 편안해진 마음으로 천천히 먹으라는 아버지 말씀을 들으면서도 연신 쩝쩝거리며 국밥을 맛있게 먹었다. "아, 잘 먹었다." 하고 숟갈을 놓는 날 지켜보던 아버지는 장난기가 발동하여 "네가 먹은 게 뭐지?" 하고 물으셨다. 난 "응, 쇠고기국밥." 하고 말했다. 그러자 아버지는 "으하하" 웃으시면서 "아니야 그건 개고기 장국이야, 개장국." 하고 말씀하셨다. "진짜?" 난 아버지를 의심스러운 눈초리로 바라보며 되물었다. "그럼 진짜 개고기라니까. 그렇게 맛있더냐?" 하는 아버지의 말씀이 끝나기 무섭게 뱃속의 개장국이 도로 입으로 올라오고 있었다. "우웩, 우웩" 다 토한 뒤에야 당황하고 후회하는 아버지 손에 이끌려 집으로 돌아왔다. 난 결코 먹어서는 안 되는 '뽀삐'를 먹었던 것이다. 그날 이후 난 보신탕을 입에도 대지 않았다. 마흔이 넘어서야 간신히 국물 좀 마시고 살코기 부분을 조금 먹을 뿐 기꺼이 즐기지 않는 음식이 보신탕이다. 사람들이 먹자고 할 때나 먹었지, 내 스스로 먹으러 간 적은 한 번도 없다. 보신탕은 나의 '뽀삐'교의 금기음식으로 나의 깊은 무의식 안에 자리 잡고 있는 것이다.

이런 관점에서 본다면 이슬람교나 유대교에서 돼지고기를 금하는 것이나 힌두교에서 쇠고기를 금하는 것은 나의 '뽀삐'교에서 개고기를 금하는 것과 전혀 다르지 않다. 이성적으로 합리적으로 설명할 수 없는 비이성적이고 비합리적인 관습규범—그것은 자체적으

2부. 세상과 음식

로는 결코 옳고 그름이 없지만 옳고 그름을 초과하는 규범, 화산 폭
발이나 지진 해일처럼 강력한 에너지를 지닌 규범이다. 이것이 바로
음식금기다. 그 사회에서 그 종교에 속해 사는 한, 지키는 것이 자연
스럽고, 오히려 지키지 않는 것이 부자연스러운 음식금기. 돼지고기
는 쉽게 변질되기 때문에 더운 지역에서는 금할 수밖에 없다는 합리
적 설명은 의식의 얕은 영역에 머무를 뿐이고, 먹으면 토할 정도로
무의식의 깊은 영역에 새겨진 것이 음식금기다.

　그러면 금기음식을 먹는 것이 행복한가? 먹지 않는 것이 행복한
가? 힌두교 신자인 인도인이 쇠고기로 만든 요리를 먹는 것이 행복
할까? 행복은 영혼과 육체의 일체감에서 온다. 음식이 영혼과 육체
의 일체감에 도움을 주지 않는다면 그 음식을 먹고 행복을 느끼기
어렵다. 나의 경우 어머니의 손맛으로 무친 병어 꾸미(고명)를 얹어
먹는 온면, 내가 만드는 김치볶음밥 등은 영혼과 육체의 일체감을
준다. 이런 음식을 먹는 자체가 우리의 영혼과 육체를 고향과 어머
니에게 일치시킨다. 그래서 행복해진다. 이런 이유에서 금기음식을
용감하게 먹는 것은 파계의 희열은 줄 수 있지만, 마음의 행복을 주
기는 어렵다. 내가 힌두교를 믿는 신자라면 난 쇠고기 대신 다른 고
기를 먹으면서 충분히 행복하게 살 것이다.

음식, '문화의 꽃'으로 만개하다
인간은 문화를 통하여 그리고 문화를 배움으로써 문화적 동물이 되

고 다른 사람과 함께 문화를 공유하며 살아간다. 한국 사람은 밥을 먹고, 식탁에는 흔히 김치와 찌개나 국, 그리고 숟가락과 젓가락이 놓인다. 반면 서양 사람들의 아침 식탁에는 빵, 달걀, 베이컨, 버터 또는 치즈, 그리고 포크와 나이프가 놓이게 된다. 왜 우리 사회의 구성원들은 다른 사회에 사는 사람과 다르게 행동하는가? 그 질문에 대한 대답은 '문화'의 이해에서 찾을 수 있다. 문화는 사람들의 '생활양식'을 일컫는다. 식생활과 관련된 여러 가지 관습, 인사하는 법, 어떤 행동이 적절한가를 판단케 해주는 기준, 사람들의 기호 등 모든 것이 문화의 내용을 이루고 있다. 사회 간의 관습이나 행동방식의 차이는 바로 문화의 차이를 뜻한다.[61]

문화를 음식이나 음식을 먹는 행위에 적용하면 음식문화가 된다. 음식문화는 고대문명 발상지, 먹는 방법, 종교 및 주식의 네 가지를 기준으로 분류할 수 있다.[91]

고대문명 발상지를 중심으로 분류하면 중국·인도·유럽·페르시아(아랍)의 문화권으로 나뉜다. 중국문화권은 돼지고기를 먹고 가축의 젖을 이용하지 않는 문화권으로 약식동원(藥食同源)의 개념을 적용하고 젓가락과 주발을 사용한다. 인도문화권은 카레와 기이(ghee, 버터오일의 일종)를 조리에 사용하고, 쌀·밀·잡곡을 반죽하여 구운 차파티(chapatti)가 주식이며, 소나 돼지는 일반적으로 먹지 않고 양이나 닭을 식용한다. 유럽문화권은 햄·소시지 등의 육류 저장식품이 발달하였고 주식은 식빵이며 나이프와 포크를 사용한다.

페르시아(아랍)문화권은 양고기를 주로 먹고 향신료를 많이 사용하며 돼지고기를 금한다.

먹는 방법에 따라 수식(手食)·저식(箸食)·포크와 나이프의 세 문화권으로 나눈다. 수식 문화권은 손을 이용해 음식을 섭취하는 문화권으로 아프리카·서아시아·인도·동남아시아·오세아니아·중남미가 여기에 속한다. 오늘날 수식 문화권의 대표적인 문화는 이슬람문화와 힌두문화이다. 저식 문화권은 젓가락을 사용하여 먹는 문화권으로 한국·중국·일본·베트남 등이 속한다. 포크와 나이프 문화권은 역사가 오래되지 않았으며(16~17세기), 유럽·슬라브 민족국가·오세아니아·남북아메리카가 여기에 속한다.

종교에 따라 힌두교·불교·이슬람교·그리스도교 문화권으로 나눌 수 있다. 힌두교 문화권에서는 쇠고기와 술을 금하고 카스트 순위가 높을수록 채식을 고집한다. 불교 문화권에서는 동물의 고기, 더러운 음식을 금하고 채식을 옹호한다. 이슬람교 문화권에서는 죽은 짐승의 고기와 피, 돼지고기, 목 졸려 죽은 고기를 금한다. 그리스도교 문화권에서는 종파에 따라 금육이나 단식을 한다.

주식에 따라 쌀·밀·옥수수·서류(감자와 고구마) 문화권으로 나눌 수 있다. 쌀 문화권은 주로 아시아에 있고, 밀 문화권에는 중동·유럽·북아메리카 등이 속하며, 옥수수 문화권은 멕시코·페루·칠레 등에 있고, 서류 문화권에는 동남아시아·태평양제도·유럽 등이 속한다.

음식은 인간이 생명을 보존하고 삶을 영위하는 단순한 '자연'이
아니라, 사회 구성원들의 의미를 구성하고 살아가는 방식을 규정하
는 '문화'이다. 일찍이 우리 문화에서 크고 작은 제를 올릴 때 소가
아닌 돼지를 잡아 그 머리를 올리는 것이나, 혼례와 같은 큰 잔치 때
돼지를 잡아 음식을 장만하고 대접하는 것도 농경문화의 일상에서
소가 차지하는 중요성과 무관하지 않다. 소를 제물로 바치는 희생은
소의 힘을 통해 농사를 짓는 일상에서는 너무 가혹한 손실을 가져오
기 때문이다. 특정지역의 음식문화는 그 지역의 생태적 조건에 따른
최적의 환경적응과 경제적 조건에 따른 결과이다. 음식의 생산·소
비가 동시에 이루어지는 농촌과 음식의 생산·소비가 분리되고 음
식의 소비가 중심이 되는 도시로 분화된 오늘날의 사회에서는, 음식
과 연관된 문화가 다를 수밖에 없다. 오늘날 계절과 상관없는 음식
재료의 생산과 저장기술의 발달로 과거 특정계절에만 먹을 수 있었
던 음식을 언제든지 가정과 식당에서 먹을 수 있게 되었다. 또 지역
의 특산음식이 전국으로, 세계로 나아가고 표준화되어, 어느 장소에
서나 먹을 수 있는 변화도 일어났다. 전주비빔밥·춘천닭갈비·평
양냉면·충무김밥·문배주·이강주·안동소주 등을 예로 들 수 있
다.[90]

3부

삶과 음식

욕구와 이성과
의지의 조화

01

욕구와 이성과 의지

담배를 끊는 일은 정말 힘들었다. '식후불연이면 노상객사'라는 말을 신봉하던 나는 밥 먹은 뒤 피우는 담배 맛을 정말 즐겼기 때문이다. 대부분의 애연가들은 식사를 마칠 때가 되면 담배 한 대 생각이 저절로 난다. 요즘은 그 한 대의 담배도 춥든 덥든 바깥에 나가서 피워야 한다. 귀찮지 않을까? 담배를 피울 때는 귀찮다는 생각을 거의 안 했었는데, 담배를 끊으면 그 귀찮은 일을 왜 했었는지 의아해하는 법이다. 20년 피웠던 담배를 드디어 끊던 날, 나는 담배 피우는 사람들이 불쌍하다는 생각이 들었다. 그러다가 1년 후 홧김에 다시 피웠을 때는 담배 피우는 사람들의 마음이 다시 이해가 되었다. 담배를 다시 피운 지 1년이 지났을 때 굳은 결심을 하고 담배를 아주 끊었다. 금연 후 10년째까지도 맡을 수 있었던 손가락의 니코틴 냄새, 땀을 흘리면 온몸에서 다시 느껴지던 그 냄새도 이젠 완전히 사라졌다. 아무리 화가 나도 이젠 담배에 손이 가지 않는다. 이렇게 되는 데에 25년이 넘어 걸렸다. 니코틴 중독에서 벗어나기는 이다지도 어렵다.

나는 본격적으로 금연하기 전 몇 차례 담배 끊기에 도전해보았으나 번번이 실패했던 경험이 있다. 그때마다 금단현상으로 불편해진 심기 때문에 화를 울컥 내며 감정조절을 잘 하지 못하던 나에게 아내는 "그럴 바에는 차라리 다시 담배를 피우라."고 말할 정도였다. 본격적인 금연은 연로한 의사선생님이 아내를 통해 주신 니코틴을 함유한 금연 껌에서 비롯되었다. 박사학위 논문을 마무리하던 단계에 있었던 나로서는 아내가 입에 넣어주는 니코틴 껌이 싫을 수밖에 없었다. 그런데 막상 껌을 입에 넣고 씹는 순간 침에 녹아 나오는 니코틴이 혈관을 채워주는 바람에 1주일 동안 담배를 한 대도 피우지 않을 수 있었고 그 다음부터는 물만 마시면서 버틸 수 있었다. 그 의사 선생님은 나와 함께 장거리 운전을 하게 되었을 때 휴게소에 들를 때마다 담배를 피워대고 냄새를 풍기며 좁은 승용차에 다시 타는 나를 보면서 담배를 끊도록 해야겠다고 생각하셨다고 한다. 참 고마운 분이다. 이분의 도움이 없었다면 하루 한두 갑 피우던 담배를 끊기는 아주 어려웠을 것이다.

그렇다면 담배 맛을 즐기던 내가 나인가? 담배의 유혹을 과감히 끊고 잘 참고 사는 내가 나인가? 둘 다 나라는 것은 틀림없는 사실이다. 담배 피우던 나는 좀 더 감각적 욕구에 몰입되어 욕구의 만족을 즐긴 존재인 반면, 담배를 끊은 나는 건강을 추구하고 다른 사람 특히 가족이 원하는 것을 나의 욕구보다 우선시하는, 다시 말해 욕구를 제어하는 이성과 의지에 좀 더 충실한 존재인 것이다. 나는 욕구 없이 살 수 없지만 이성과 의지로 욕구를 조절하면서 살아야 나와 가족의 행복을 함께 추구할 수 있을 것이다. 욕구와 이성과 의지 이 세 가지를 모두 지닌 내가 나다운 나로 살려면 욕구를 잘 제어해야 한다.

생명체의 탄생과 직결된 본성

인간은 육체와 영혼으로 이루어져 있다. 눈에 보이는 육체의 존재는 누구나 분명히 알지만, 영혼에 대한 생각은 사람마다 다르다. 이것은 인식의 영역이 아니라 믿음의 영역일 수 있으므로 여기서는 단지 실생활에서 영혼과 육신의 상호관계만을 생각해보기로 하자. 아주 목말랐을 때 샘물 한 모금을 마신 내 육체의 행복은 영혼에 영향을 주지 않을까? 내 영혼이 너무 슬플 때 내 육체는 입맛을 잃게 되는데 영혼의 슬픔도 육체에 영향을 주지 않을까? 만약 영혼과 육체가 서로 영향을 준다는 것을 받아들인다면, 인간은 그 두 상태의 평형을 이루기 위해 부단히 애쓰며 사는 존재라고 간주할 수 있다. 그 평형의 종류로는 영혼 쪽으로 기울어진 평형, 육체 쪽으로 기울어진 평형, 영혼 반 육체 반 정도의 평형, 영혼에 아주 치우친 평형, 육체에 아주 치우친 평형의 다섯 가지로 나누어 볼 수 있다. 평생 어느 한 가지 종류의 평형에 머물러 있는 것이 아니라 우리의 삶의 상태에 따라서 평형의 종류는 자주 바뀐다고 생각된다. 우리가 지적으로 또는 신앙적으로 고양된 삶을 사는 시기에는 평형이 영혼 쪽으로 기울 것이고, 육체적인 몸 만들기에 몰두할 때에는 평형이 육체 쪽으로 기울 것이다.

본성을 뜻하는 라틴어 '나투라(nature)'는 '나시(nasci, 태어나다)'에서 파생되었는데, 본성은 생명체의 탄생과 직결됨을 의미한다. 본성은 개개의 존재자가 그 시원에서부터 타고나는 본질적 특성을 지칭한다. 모든 존재자는 자신의 고유한 본성을 가지며, 본성에서 우러나는 본성적 법칙(자연법)에 따라 행위의 당위성을 인식하기에 윤리적 규범도 본성에서 비롯된다.[92] 본성은 '사람이 본디부터 가진 성질'이다. 다시 말해 인간 본성은 인간이 공유하는, 인간 행동의 원인이 되는, 본질, 특징, 태도, 기질, 경향을 말한다.[28] 한편 본능은 '어떤 생물 조직체가 선천적으로 하게 되어 있는 동작이나 운동, 즉 아기가 젖을 빤다든지 병아리가 알을 깨고 나오는 행동 등'으로서 생존과 번식에 필수적이다.[93] 그에 반해 인간의 본성에는 다른 동물과 구별되는 이성과 자율성이 있고, 이성은 윤리적이고 실천적이며, 인간은 윤리행위에 따르는 의지와 자율성을 지닌다.[8]

욕구에 왜
윤리적 잣대를 들이대는가

멍멍이에게 들이댄 인간 세계의 윤리적 잣대

어렸을 때 키우던 개가 또 있었다. 몸집이 크지도 작지도 않은 중간 정도 크기의 잡종견이었다. 별 매력 없는 이 개의 이름은 그냥 '멍멍이'였다. 하지만 멍멍이는 아주 사나웠다. 그래서 나는 멍멍이를 무서워했다. 아니 멍멍이가 나를 주인으로 대접하지 않았다는 것이 맞는 표현이다. 엄마가 밥을 갖다 주면 꼬리를 치면서 온갖 애교를 부리는 멍멍이는 어떻게 된 영문인지 나만 가까이 가면 으르렁거리기 일쑤였다. 내가 밥을 갖다 주어도 꼬리치기는커녕 빨리 밥을 내놓으라는 식으로 앞발을 쳐들곤 했다. 밥을 먹을 때 가까이 가면 멍멍이는 자기 밥그릇을 움켜잡고 뺏길까봐 송곳니를 드러내며 으르렁거렸다.

나도 화가 났다. 개는 마땅히 주인에게 복종해야 하는데, 서열이 낮은 주인이라고 깔보는 이 멍멍이를 혼내줘야겠다고 결심했다. 그래서 막대기를 들고 가까이 갔다. 멍멍이는 나의 기세에 흠칫 놀란 듯 보였지만 금방 무시하는 자세로 먹는 일에 열중하더니 어느새 몸을 흔들어대며 이리저리 날뛰었다. 나는 멍멍이가 묶여 있는 것을 다시 한 번 확인한 다음 막대기로 등판을 때렸다. 그러자 깨갱하고 꼬리를 내릴 줄 알았던 멍멍이는 맹수로 급변하여 나에게 달려들었고 그 서슬에 끈이 풀어졌다. 나는 엄마를 부르며 도망쳤고 엄마가 막아서는 바람에 겨우 화를 면할 수 있었다.

멍멍이는 어린 주인에게 대들었다고 엄마에게 혼이 났고 철창 안에 갇히는 신세가 되었다. 멍멍이는 억울한 듯 눈동자를 흘기면서 내 쪽을 보다가 이내 무시하고는 돌아누웠고 잘한 것 없는 나도 멍멍이를 애써 외면했다. 그날 이후 나는 개를 아주 무서워하게 되었다. 새벽에 운동하러 나갔다가 멀리서 개가 걸어오면 돌아가거나 다른 길로 가고, 짖기라도 하면 가슴이 콩닥거려 재빨리 피해버린다. 이제 와서 생각해보면 멍멍이는 왕성한 식욕, 밥그릇 지키기, 서열 가리기 등 본능적인 욕구에 충실했을 뿐인데, 오로지 주인의 말을 안 듣는다는 이유로 내가 멍멍이에게 인간 세계의 윤리적 잣대를 들이댄 것은 아니었을까?

유학시절 작은아이와 같은 학교에 다니는 중동 아이가 있었다. 그 아이의 어머니는 남편보다 훨씬 앳되게 보였고 행동도 그랬다. 알고 보니 여러 명의 부인 가운데 제일 어리다고 하였다. 막상 중동의 일부다처제의 실체를 보니 우리와 다른 그들의 제도가 마음에 잘 와 닿지 않았다. 하지만 곰곰 생각해보니 아버지 시절만 해도 일부일처제이면서도 소위 '작은집' 즉 첩을 두는 것을 공식적으로는 인정하지 않더라도 암묵적으로는 인정하던 사회 분위기였지 않은가. 우리 아버지와 어머니가 다툴 때 들리는 말에도 '꼬리'나 '바람' 같은 단어가 자주 등장하였다. 수십 년이 흐른 지금은 축첩은커녕 바람피우기도 어려운 시절이 되었다. 특히 정치인이나 사회의 지도급 인사의 외도와 같은 성(性)문제에 대해서는 더욱 엄격한 잣대를 적용하고 있다. 심지어 히딩크 감독이 여자친구와 동행하는 것을 사생활임에도 불구하고 못마땅하게 생각할 정도였지 않은가. 어렸을 때 아침 일찍 학교 가는 길에 개의 흘레 장면을 목격하는 일이 간혹 있었다. 아이들은 학교 가다가 멈춰서 구경하다가 돌을 던지기도 하였다. 개는 성욕이라는 본능에 충실했을 뿐인데 아이들은 잘 구경하다가 왜 돌을 던졌을까?

금수보다 못한 놈

인간은 식욕, 성욕, 금전욕, 명예욕, 권력욕 등 다양한 욕구를 지니고 있다. 이 가운데 인간과 동물이 공통적으로 지닌 욕구로서 식욕과 성욕을 들 수 있다. 식욕과 성욕은 생명을 유지하기 위한 본능적인 욕구다.

동물은 먹을거리를 앞에 놓고 싸운다. 육식동물만 싸우는 것이 아니라 초식동물도 싸운다. 싸움에 이긴 동물이 먹을거리를 독점하거나 가장 맛있는 것을 먹는다. 번식기가 되면 수컷들은 암컷을 차지하기 위해 생명을 걸고 싸우며, 오직 이긴 수컷만이 자손을 퍼뜨릴 기회를 갖게 된다. 식욕과 성욕으로 유발되는 이런 행위는 결코 비윤리적이라고 비난받지 않으며 윤리적으로 중립일 수밖에 없다. 오히려 잘 먹고 힘도 센 동물이 자손을 퍼뜨릴 기회를 더 많이 갖는 것이 생명 보존의 관점에서 바람직하지 않을까. 아무튼 동물의 경우 윤리적 잣대를 들이댈 필요가 없다.

그렇다면 이 자연스러운 성욕과 식욕에 인간은 왜 윤리적 잣대를 들이대는가? 성욕의 관점에서 보자. 예전의 왕은 동서고금을 막론하고 수많은 궁녀를 거느리며 살았고, 오늘날 일부 문화권에 일부다처 제도가 남아 있다. 하지만 대부분의 문화권에서는 일부일처제를 유지하여 아무리 권력자나 부자라도 마음대로 여러 여자를 부인으로 삼을 수 없다. 또 바람피우는 것은 윤리적으로 큰 문제이며, 특히 사회의 고위층일수록 더욱 심각한 문제가 된다. 왜 그런가? 식욕의 관점에서 보자. 내 돈 내고 내가 값비싼 요리를 먹는 것이 윤리적으로 왜 문제가 되는가? 내가 번 돈으로 흥청망청 마신다고 문제 삼는 이유는 무엇인가? 왜 정치인이 시장에서 떡볶이나 순대를 먹으면 겸손하다고 유권자들이 좋아하는가?

윤리는 동물이 아닌 이성을 가진 인간에게만 적용되는 도리이다.

동물의 경우 자연선택에 의해 강한 동물이 살아남고 약한 동물이 죽는 것이 너무도 당연해 아무도 심지어 동물조차도 이의를 제기하지 않는다. 하지만 인간의 경우는 다르다. 성경에는 과부, 고아 등 약자를 보호하는 것이나 안식일을 잘 지켜 종이나 노예 같은 약자를 보호하는 것이 지켜야 할 계명, 즉 윤리의 기본 틀로 제시되어 있다. '민심이 천심'이라는 말 역시 권력의 상위계급인 왕이나 귀족이 권력의 하위계급인 백성을 잘 돌보아야 한다는 윤리적 틀이다. 다시 말해 인간과 동물의 기본적인 차이는 약자에 대한 보호와 배려 여부에 달려 있다. '금수(禽獸)보다 못한 놈'이라는 말은 이런 윤리적 기본 틀조차 지키지 않는 비윤리적인 사람들을 가리키는 말이다. 이미 금수인 동물에게는 금수보다 못한 놈이라는 말조차 필요 없다.

일반적으로 성욕은 식욕보다 윤리적 가중치가 더 크다. 성욕에 기인된 비윤리적 행위는 식욕의 경우보다 훨씬 더 큰 지탄을 받는다. 구약성경에서 부하인 우리아의 아내 밧세바를 간음한 다윗에게 예언자는 신의 커다란 질책을 전한다. 왜 성욕이 식욕보다 윤리적으로 더 예민하고 심각한 문제가 되었는가? 그 이유는 아마도 성욕이 비윤리적으로 발휘될 경우 개인과 사회에 미치는 영향이 식욕의 경우보다 더 크기 때문이리라. 잘못된 성욕은 에이즈 같은 질병을 옮기기도 하고, 원치 않은 임신으로 인한 미혼모와 고아나 입양아가 생겨나기도 하며, 이혼 등 가족 간의 불화와 트로이 전쟁에서 보듯이 국가 사이의 전쟁을 일으키기도 한다.

식욕이 일으키는 문제는 개인이나 가족의 문제에 국한되거나, 성욕에 비해 상대적으로 사회적 파급효과가 작았다. 지나치게 잘 먹는 사람이나 못 먹는 사람 모두 개인이나 가족의 비만이나 영양과잉 또는 기아나 영양부족에서 유발되는 건강 상실의 범위를 넘지 않았다. 그러나 문제의 양상이 지금은 달라졌다. 비만이나 기아의 문제가 중대한 문제로 급격히 부상하여 사회에 즉각적으로 영향을 끼치며, 세계화로 인해 한 지역의 풍작이나 흉작이 다른 지역에 직접 영향을 준다.

더욱이 인간의 수명이 갈수록 늘어남에 따라 대부분의 나라에서는 국민의 건강수명을 늘리는 일이 기본적인 정책이 되었다. 건강한 상태에서 오래 살기 위해서는 기본적으로 영양부족이나 영양과잉이 없어야 하는데, 현실적으로는 이로 인해 발생하는 문제가 국가적 또는 전 지구적 문제가 되고 있다. 오래 살더라도 건강하게 살지 않으면 의료비가 더 많이 들고, 이로 인해 국민이 내야 하는 세금 부담이 커지며, 가난한 나라를 원조해야 하는 부자 나라의 경제사정도 악화되는 문제가 발생한다.

현재 식욕에 대한 이성적 자제와 윤리적 중요성은 과거와 달리 점점 커지는데도 윤리적 잣대를 들이대지 않거나 아주 가벼운 잣대만을 보여주고 있다. 비록 바람을 피우거나 원조교제를 하는 성욕만큼은 아니라 하더라도, 지나치게 잘 먹거나 많이 먹는 불균형한 식욕의 추구에 대해 이성적 자제를 촉구하고 윤리적 잣대를 들이대야 할

시대가 왔다. 아니 이제는 성욕에 준할 정도로 엄격하게 윤리적 잣대를 들이대야 할지 모른다. 알코올 중독이 병이라면 미식 중독, 옥식 중독이라는 말도 병적인 상황을 가리킨다고 볼 수 있다.

조선시대 왕들의 평균사망 나이는 47세였으며 단명의 이유는 정신적인 스트레스, 기름진 음식, 과도한 주색(酒色), 운동부족을 들 수 있다. 늦은 나이에 왕위에 오른 왕들의 수명이 상대적으로 길었는데, 이는 기름지지 않은 식사와 적당한 운동 등으로 왕위에 오르기 전에 건강을 유지했기 때문이라고 한다.[94] 조선시대 왕들은 주로 통풍, 당뇨 등을 앓았다. 오늘날 통풍, 당뇨 등의 질병이 만연하는 것도 현대인이 조선시대 왕과 같은 식생활을 하는 것과 관계된다고 볼 수 있다.

03

음식윤리와
그 역사

음식윤리의 핵심, 나눠 먹어라

어렸을 때는 늘 밥상머리에서 윤리교육을 받았다. '손부터 씻어라. 어른이 먼저 드신 다음에 먹어라. 후루룩 쩝쩝 소리 내지 말고 먹어라. 수저로 그릇에 부딪치는 소리 내지 마라. 좋아하는 것만 골라 먹지 마라. 남기지 말고 깨끗이 먹어라. 어른이 다 드시고 일어날 때까지 앉아 있어라. 밥을 입에 넣고 말하지 마라.' 등등 이루 말할 수 없이 많은 잔소리(?)를 귀가 따갑게 자주 들었다. 아버지나 어머니가 안 계시면 누나와 형들의 잔소리를 대신 들어야 했다. 이 잔소리는 밥 먹을 때의 예의범절이나 음식과 관련되는 윤리적 훈계였고, 이를 '하라' 또는 '하지 마라'로 계명화한 것이다. 놀라운 것은 그렇게 듣기 싫어했던 잔소리를 우리 아이들에게 대물림했다는 것이다. 미래에 우리 아이들도 자식을 키우면서 비슷한 잔소리를 하게 될 것이다. 시대에 따라 훈계의 형태나 내용이 다소 달라지겠지만, 본질적인 것은 크게 변하지 않으리라. '밥 먹기 전에 사탕 먹지 마라.' 아마 이 계명은 동서고금을 막론하고 변하지 않을 아이들이 지켜야 할 계명일 것이다. 단것을 좋아하는 나는 늘 이 계명이 지키기 싫었다. 그래서 밥 먹기 전에 사탕을 먹었다고 혼나면 '밥 한 그릇 다 먹으면 되잖아.' 하고 나름 의지를 표명했지만 밥 한 그릇을 다 먹기는 너무 힘들었던 기억이 난다.

특히 초등학교 4학년 때 "자기 전에 수박을 많이 먹으면 오줌 싼다."고 하시는 어머니 말씀을 귓전으로 흘리고 수박을 엄청나게 많이 먹은 날 밤 꿈에 전봇대가 나타났다. 그리고 나는 꿈에서 전봇대에 시원하게 볼일을 봤다. 꿈인데도 너무 시원했던 그 느낌은 왠지 축축한 느낌으로 불안해졌다. 불길한 예감에 놀라 눈을 뜨니 여름철 얇은 요를 다 적신 것은 물론이고 내가 잠자던 다락방의 바닥을 적시기까지 해 아래층의 천장에 말로만 듣던 지도를 그려놓았던 것이다. 그 다음 날 아침 초등학교 4학년의 체면을 구기면서 커다란 바구니를 머리에 쓰고 가까이 사시던 친척집에 소금을 얻으러 갔던 기억이 난다. 온 동네 아이들이 다 쳐다보면서 웃었고 나는 정말 창피했다. 어머니의 계명은 단것과 맛있는 것을 먹고 싶은 욕망을 제어하여 바람직하지 않은 일이 생기지 않도록 미리 예방하는 역할을 하는 것이다. 그런데도 그것을 어기고 바람직하지 않은 일이 생기게

했으니 보다 강도 높고 적절한 방식으로 계명을 마음에 새기게 해준 것이다. 수십 년이 지난 지금도 어제 일처럼 기억나도록.

어른이 되고 나니 이 계명을 지키라고 말하는 사람은 이제 없다. 잘 됐지 않은가. 맛있는 음식에 대한 내 욕구는 여전하니까. 틈만 나면 맛집을 찾아다니고, 수저를 놓아야 할 만큼 충분히 먹었는데도 "내일 적게 먹지 뭐." 같은 핑계를 대면서 과식을 하곤 한다. 특히 술은 절제하지 못하고 못 이기는 척 2차를 가고 과음을 하고는 그 다음날 숙취에 후회하기도 한다. 물론 아내의 잔소리가 계명을 대신하기도 하지만 대부분의 경우 나 스스로 계명을 기억하여 지키려 애써야 하지 않을까. 어른이 된 뒤 매일 매일의 삶은 나의 욕구를 다른 사람의 통제가 아닌 스스로의 통제로 제어해 나가야 한다는 것이다.

어렸을 때의 밥상머리 윤리교육이 운전연수였다면 어른이 된 지금은 스스로 조심하면서 운전하는 것과 비슷하다. 나의 생명이 꺼지지 않는 한 늘 존재하는 나의 욕구, 특히 먹을거리에 대한 욕구를 자율적으로 조절해나가는 것, 그것이 음식윤리의 기본이 아닌가 생각해본다. 나의 인생에도 초반, 중반, 후반의 역사가 있듯이 나의 음식윤리에도 역사가 있다. 그 역사는 나의 아버지의 아버지 또 그 아버지의 아버지로부터 나의 아들의 아들, 그리고 그 아들의 아들로 이어지면서 음식윤리의 역사를 이룬다. 지금도 '혼자 먹지 말고 나눠 먹어라.'는 어머니 말씀이 귓전을 울린다. 이것이 바로 음식윤리의 핵심이다.

선사시대부터 형성된 음식윤리

한마디로 음식윤리는 음식과 관련된 윤리 또는 음식과 관련된 윤리적 고려이다. 음식윤리 용어는 1996년 벤 메팸(Ben Mepham)의 저서『음식윤리(Food Ethics)』에 처음 등장하여 새로운 응용윤리 분야로 소개되었지만, 음식에 대한 윤리적 관심은 윤리 자체만큼이나 오래된 일이다.[95]

음식윤리의 의미를 이해하려면 음식도 알고 윤리도 알아야 한다. 음식은 무언가를 먹고 마시는 것으로서 두 가지 의미를 포함한다. 즉 음식에는 음식 자체로서의 의미와 먹고 마시는 행위로서의 의미가 중복되어 있다.[8]

음식 자체의 측면에서 음식은 맛, 영양, 안전성(무독성), (건강) 기능성을 지닌 물질이다. 맛은 건강 또는 문화와, 영양은 부족이든 과잉이든 건강과, 안전성은 생명과, 기능성은 건강과 관련이 깊다.[8] 인간은 벼의 생명인 밥이나 소의 생명인 쇠고기와 같은 다른 생명체로 이루어진 음식을 먹으며 생명을 유지한다. 한마디로 음식은 개인과 사회가 생명을 유지하고 건강하고 행복하게 사는 데 꼭 필요한 원동력이다. 윤리란 인간 존재에 '좋은 것' 즉 행복을 추구하는 것이므로 음식 자체에는 본질적으로 생명의 원리와 윤리적 특성이 내재되어 있다.[96]

이번에는 음식을 먹는 행위의 측면에서 살펴보자. 음식은 '나'라는 개체를 위한 것이며 우리 모두는 각자 개체적으로 먹는다. 하지만 우리가 먹는 음식은 대부분 우리가 만든 것이 아니며, 다른 존재와 다른 사람의 노력이 함께 들어 있다. 따라서 우리는 개체적이면서 공동체적으로 음식을 먹는 행위를 하고 있기에 이 행위에 대하여 윤리적인 고려를 할 필요가 있다.[8] 먹는다는 것은 식욕을 만족시켜 인간에게 즐거움을 주는 본능적 행위이지만, 윤리적 측면에서는 도덕적 판단의 대상이 되는 이성적 행위이기 때문이다. 인간은 은연중에 먹을거리에 대해 가치판단을 하고 있다. 먹을 수 있는 것과 먹을 수 없는 것을 구별하고, 먹어도 되는 것, 먹어야만 하는 것 그리고 먹어서는 안 되는 것을 구별한다. 인간은 이성을 통해 먹는 행위를 조절하거나 제어하고, 어떤 목적을 위해 단식하거나 절제하며, 흔히 탐식을 비도덕적 행위로 간주한다.[97]

마지막으로 윤리와 도덕의 의미를 살펴보자.[95] 윤리의 영어 'ethics'는 그리스어 '에토스(ethos)'에서 유래된 'ethica'의 역어이고, 에토스는 사회의 습속(관습과 풍속)을 의미하는데, 습속과 윤리는 서로 밀접한 관계를 지닌다. 도덕의 영어 'morals'는 라틴어 '모랄리스(moralis)'의 역어이고, 모랄리스는 로마의 철학자 키케로나 세네카가 그리스어 ethica의 역어로 사용하였다. 모랄리스의 어원은 '모스(mos)'인데, 모스도 습속을 뜻한다고 한다. 어떤 집단에서 어떤 행동양식이 그 구성원에게 유익하다는 것이 시행착오 끝에 밝혀지면 습속으로 정착되어 집단구성원의 삶을 규제하게 되며, 이러한 습속이 사람의 내면에 어떤 기준을 형성할 때 윤리나 도덕이 생겨난다.[98] 윤리와 도덕은 사람이 지켜야 하는 도리라는 공통적인 의미로 사용하는데, 도덕에서는 실천의 의미가 강조된다면, 윤리에서는 인륜과 도덕의 원리에 중점을 둔다.

한 개인의 삶에서 음식에 대한 윤리적 태도는 어린 시절에 형성된다. 음식과 결부된 윤리는 어머니 품에서 배우기 시작한다. 왜냐하면 우리는 바로 어머니 품에서 선악의 판단을 시작하기 때문이다. 이런 가치관은 아마도 "잘 먹으면 어머니가 행복해하고, 어머니가 행복한 것은 좋은 일이다."라는 식으로 나타낼 수 있다.[32]

인류의 삶에서도 음식에 대한 윤리는 아주 어린 시절, 즉 선사시대부터 형성되었으리라 생각된다. 음식윤리는 인류가 구석기 시대 수렵·채집민일 때부터 사냥하거나 수집한 먹을거리를 분배하는 일, 즉 '나눔'에서 비롯되었으며, 음식윤리의 역사는 음식의 역사와 거의 중복된다. 신석기시대의 유적들은 음식을 획득하고 분배하는 과정을 통해 인간의 집단이 형성되었음을 보여주며, 인류학자들은 작물의 수집과 고기의 분배와 관계되는 규칙이 가장 중요한 윤리적 명령임을 발견하였다. 함께 먹고 마시는 사람들은 우정과 상호 의무의 유대에 의해 묶여 있으며, 음식의 나눔은 호혜적이기에 음식을 교환함으로써 유대를 더욱 공고히 하였다.[99]

고대 우리나라의 음식윤리도 함께 하는 나눔에 있었다. 오늘날 우리 음식문화에 남아 있는 공동체적 특성으로서 변함없는 밥 인심(술 인심, 회식), 변함없는 공동밥상과 음식나눔 등이 이를 뒷받침하고 있다.[100] 고대 중국의 음식윤리는 검소한 식생활을 강조하는 공맹식도였으며, 고대 그리스의 음식윤리는 절제가 기준이었다.[95]

인간은 동물적 본능과 자신을 구분하려고 노력했다. 인간에게는 동물과는 달리 항상 윤리도덕이 먼저였고 먹는 것은 그 다음이었다. 동물은 먹이를 날로 급하게 삼키거나 혼자 먹으려고 딴 데로 끌고 간다. 반면에 인간은 노획하거나 경작한 것을 나눠주었다.[101] 오랜 옛날부터 가족은 공동생활의 핵심이었고, 일해서 얻은 것을 나눌 때만 함께 존속할 수 있었다. 그런 까닭에 전통사회에서는 다른 사람이 있는 데서 혼자 뭔가를 먹거나 마시는 것을 윤리적 결례로 여겼다.

오늘날 과학의 발달은 음식윤리에 영향을 끼쳐, 먹는 행위뿐만 아니라 만들어 파는 행위로 적용범위를 넓혔으며, 음식윤리의 사회적 중요성도 크게 부각시켰다. 그럼에도 불구하고 오늘날의 음식윤리는 과거의 음식윤리에 근거한 것이 많다. 예를 들어 절제는 오늘날의 비만을 해결할 수 있는 윤리덕목의 핵심이며 비만은 보는 시각에 따라 개인윤리이기도 하고 사회윤리이기도 하다. 오늘날의 음식윤리는 개인윤리나 미시윤리(micro-ethics)의 관점에 머무르지 않고 거시윤리(macro-ethics)로서 사회적·지구적 차원으로까지 범위를 확대하여야 한다.[95]

말과 음식윤리의 원리

04

1. 음식속담과 음식윤리의 전통적 원리

사흘 굶으면 포도청의 담도 뛰어넘는다

어렸을 때 우리 집에 도둑이 들었다. 도둑은 사람이 자는 방에는 못 들어오고 부엌에 있는 수저와 그릇을 훔쳐갔다. 이른 아침에 도둑맞은 걸 알고 집이 발칵 뒤집혔을 때 할머니가 기막혀하시며 "사흘 굶으면 포도청의 담도 뛰어넘는다."고 말씀하셨다. 이 속담은 아무리 착한 사람이라도 궁하게 되면 못할 짓이 없다는 말이다. 포도청은 오늘로 말하면 경찰청일 텐데 그 무서운 경찰청 담을 뛰어넘을 정도로 눈에 뵈는 것이 없어지는 것이 굶었을 때란다. 할머니는 도둑이 안쓰러웠던 것이다. 이와 비슷한 속담으로 '목구멍이 포도청'이 있다. 한 마디로 목구멍이 포도청처럼 제일 무섭다는 말로 먹고 사는 일, 즉 음식과 생명이 가장 소중함을 의미하는 속담이다.

또 어렸을 때 내가 '흰쌀밥에 쇠고기국' 타령을 하면 어머니는 "굶어보아야 세상을 안다."고 강한 어조로 말씀하셨다. 밀가루건 콩이건 보리건 감자건 군소리 말고 주는 대로 먹으라는 뜻이었고, 꼭 말끝머리에 쌀과 고기는 "먹고 죽자 해도 없다."고 일침을 가하셨다. 그래도 구시렁거리며 잘 먹으려 하지 않으면 "배불렀군, 배불렀어." "시장이 반찬이야." 하시면서 어서 먹으라고 다그치셨다. 그러면 나는 입이 쭉 나왔지만 군말 없이 먹어야 했다. 요즘은 우리 집 경제여건이 예전보다 나아졌기 때문에 '먹고 죽자 해도 없다.'는 말은 옛말이 되어 칭얼거리지 않더라도 흰쌀밥에 쇠고기국을 먹을 수 있다. 굶는 일도 별로 없기 때문에 '굶어보아야 세상을 안다.'는 말도 해당 사항이 별로 없지만, 가톨릭 신자이기에 1년에 몇 차례 한 끼를 굶을 때가 있는데, 그런 날이면 하루 종일 '밥' 생각만 나면서 '굶어 보아야 세상을 안다.'는 뜻을 약간 다르게 깨닫게 된다. 어머니는 어린 내가 여러 가지 윤리적인 훈계를 잘 알아듣도록 이런 속담을 활용하셨던 것이다.

또 어렸을 때 어머니는 일찍 일어나서 기도를 하셨다. 어머니의 기도하시는 모습은 참 경건하게 보였다. 어두컴컴한 새벽에 장독대에 정화수(井華水, 이른 새벽에 길은 우물물)를 떠놓고 촛불을 켜고 손바닥을 비비면서 중얼중얼 무언가를 열심히 비셨다. 어머니께서 무엇을 바라셨는지 알 수 없지만 짐작컨대 가족들이 복을 많이 받도록 청하셨을 것이라고 생각된다. 가족 모두 몸과 마음이 건강하고 편안하며, 돈도 많이 벌고 좋은 집도 사고…… 이런 식의 복의 기원은 지금 아버지인 나도 하고 있지 않는가. 사실 '새해 부자 되세요.'보다 '새해 복 많이 받으세요.'가 훨씬 더 크고 넓은 의미의 복을 비는 인사말일 것이다. 복 받은 삶이야말로 누구나 간절하게 바라는 삶의 이상적 모습이 아니겠는가.

땡감을 따 먹어도 이승이 좋다

음식에는 생명과 행복이라는 삶의 기본 요소와 윤리적 특성이 들어 있으므로 음식속담에도 식생활의 경험 속에서 얻은 음식윤리적 요소가 반영되어 있다. 음식속담이 각 민족의 고유한 음식문화를 반영하고, 음식을 통한 교훈적 · 도덕적 내용이 많은 것도 이런 연유이다.[102]

윤리에는 공동체 구성원들이 동의할 수 있는 윤리원리가 있는데, 윤리의 궁극적 목적이 행복에 있으므로 윤리의 가장 기본적인 원리는 행복의 원리일 것이다. 그런데 한국인은 행복과 복을 비슷하지만 차이가 있다고 생각한다. 한국인의 행복과 복의 유사점과 차이점을 연구한 결과, 건강과 낙관적 성격은 행복과 복의 공통적 특징으로 나타난 반면, 행복은 자기만족과 같은 내적인 상태와 관련되고, 복은 사회적 지위와 같은 외적인 조건과 관련된다고 한다.[103] 한국인의 삶에서 가장 거짓 없는 본연의 욕구는 '복을 비는 마음'이며, 대부분의 한국 사람은 복을 빌면서 살아왔고 또 살고 있다고 한다.[104] 복이란 말이 근대화 이전의 전통사회에서 오래전부터 써온 말인 데 비해 '행복'이란 말은 개화 이후에 등장한 근대어이며, 행복관에서도 세대 간의 격차 혹은 세대 간의 단절이 있다고 한다. 신년 정초에 '새해 복 많이 받으십시오.'라고 하는 인사말이 복을 비는 전형적인 예이다. 식생활에 있어서도 음식류 · 식기류 등에 복과 관련된 상징 조형을 널리 사용하였다. 음식을 먹을 때 복스럽게 먹는다고 칭찬하는가 하면 복이 달아나겠다고 꾸짖기도 하였다.

음식윤리에도 음식을 만드는 사람, 파는 사람, 먹는 사람 모두가 동의하는 원리가 있다. 특히 음식속담은 우리 민족 고유의 음식문화를 반영하는 것이므로 음식속담으로부터 음식윤리의 전통적인 원리를 파악하기 위해서는 복의 개념에 근거하여 살펴볼 필요가 있다.

전통적으로 오복은 수(壽, 장수를 누림), 부(富, 가멸함), 강녕(康寧, 건강하고 마음 편안함), 유호덕(攸好德, 심성의 후덕함), 고종명(考終命, 임종을 성취함)이다. 수, 강녕, 고종명의 복을 받으려면 오랫동안 건강하게 살아야 하고, 건강하려면 음식을 잘 먹어야 하며, 잘 먹으려면 음식의 맛과 품질이 좋아야 하고 가격은 저렴할수록 좋다. 이와 관련된 음식윤리의 원리로서 수복(壽福)과 건강의 원리, 음식 우선의 원리, 맛과 품질(경제성)의 원리를 들 수 있다. 부의 복은 '잘 먹고 잘 산다'는 것을 뜻했기에 이 복을 얻기 위해 가난은 멀리하고 부를 추구했으며, 아무리 노력해도 부를 얻을 수 없을 때 행운을 기대했는데, 그 중에서도 잘 먹는 행운 즉 식복을 기대했다. 이와 관련된 음식윤리의 원리로서 빈곤(퇴치)과 부유(추구)의 원리, 식복(행운)의 원리를 들 수 있다. 유호덕에 속하는 원리로서 미덕이나 바른 품행을 목표로 하는 덕행의 원리를 들 수 있다. 종합하여 음식윤리의 전통적 원리를 수복과 건강의 원리, 빈곤(퇴치)과 부유(추구)의 원리, 식복(행운)의 원리, 음식 우선의 원리, 덕행의 원리, 맛과 품질(경제성)의 원리의 6개 원리로 정리할 수 있다.

아래에 김석신(2012)[102]의 논문 일부 내용을 발췌하여 인용한다.

1) 수복과 건강의 원리에 해당하는 속담으로 '불로초를 먹었나', '땡감을 따 먹어도 이승이 좋다', '감기는 밥상머리에서 물러간다', '밥한 알이 귀신 열을 쫓는다', '사흘에 피죽 한 그릇도 못 얻어먹은 듯하다', '과부가 찬밥에 곯는다'가 있다.

2) 빈곤(퇴치)과 부유(추구)의 원리에 해당하는 속담에는 '이 설움 저 설움 해도 배고픈 설움이 제일', '보릿고개가 태산보다 높다', '배부르고 등 따습다', '배부르니까 평안 감사도 부럽지 않다'가 있다.

3) 식복(행운)의 원리에 해당하는 속담으로 '먹고 자는 식충이도 복을 타고났다', '밥이 얼굴에 더덕더덕 붙었다', '곶감 죽을 먹고 엿목판에 엎드러졌다', '밥 위에 떡'이 있다.

4) 음식 우선의 원리와 관련된 속담에는 '금강산도 식후경', '나중에 꿀 한 식기 먹으려고 당장 엿 한 가락 안 먹을까'가 있다.

5) 덕행의 원리를 나타내는 속담으로 '가늘게 먹고 가늘게 살아라', '밥은 굶어도 속이 편해야 산다', '어른 말을 들으면 자다가도 떡이 생긴다', '남의 밥은 맵고도 짜다', '누워서 떡을 먹으면 팥고물이 눈에 들어간다', '남의 밥에 든 콩이 굵어 보인다', '배부른 데 선떡 준다', '참외를 버리고 호박을 먹는다', '천생연분에 보리 개떡'이 있다.

6) 맛과 품질(경제성)의 원리를 나타내는 속담에는 '가을 상추는 문 걸어 잠그고 먹는다', '전어 굽는 냄새에 나가던 며느리 다시 돌아온다', '값싼 갈치자반 (맛만 좋다)', '고욤이 감보다 달다', '닭의 갈비 먹을 것 없다', '동성아주머니 술도 싸야 사 먹지'가 있다.

과거에는 환경파괴와 식품안전이 심각한 문제가 아니었기 때문에 음식속담 가운데 다음에 설명할 현대적 원리 가운데 환경보전의 원리, 안전성 최우선의 원리를 적용할 수 있는 속담은 찾아보기 어려웠다.

2. 음식 신어와 음식윤리의 현대적 원리

헐! 타이태닉주?

요즘 젊은 층이 잘 쓰는 말 가운데 '헐'이라는 말이 있다. 네이버 지식iN에 이 말의 뜻을 풀이한 것을 다음과 같이 일부 인용한다.[105] '헉의 다른 말이다. 강세와 길이에 따라 느낌이 조금 다를 수 있다. 흔히 황당할 때 쓰인다. 친구들 사이에 쓰며 어른들에게는 잘 쓰지 않는다.' 이런 말을 신어라고 부른다. 이 신어가 사전에 등재될지 아닐지는 시간이 흘러봐야 알 수 있다. 언젠가 술자리에 갔을 때 동료 중의 한 사람이 폭탄주를 제조하여 돌렸다. 맥주를 따른 맥주잔에 양주잔을 띄운 뒤 양주를 조금씩 넣어서 가라앉혀 마시는 '타이태닉주'였다. 이미 어느 정도 취했지만 더 빨리 취하기 위해 마시는 폭탄주…… 이 신어의 수명은 알 수 없으나, 술에 관대한 우리 사회의 지나친 음주문화를 반영하는 키워드임에는 틀림없다.

집집마다 냉장고가 아직 없던 어린 시절 어느 날 배가 고픈 나는 음식이 보관되어 있는 찬장을 열었다. 앗! 찬장 문을 열자마자 바퀴벌레 수십 마리 아니 기분에는 수백 마리가 후다닥 자취를 감추었다. '우와 내가 여태 이런 반찬을 먹었단 말이지?' 입맛이 한순간에 뚝 떨어졌다. 저 바퀴벌레 녀석들이 더러운 맨발로 밟아대며 양치질도 안 한 구린 입으로 먹어댔을 반찬. 난 엄마에게 항의했다. "이런 음식을 먹고 식구들이 병이라도 나면 어떻게 하느냐?"면서 어머니의 잘못을 조목조목 지적하며 정당한 항의를 했다. 하지만 머리칼 속이나 속옷의 시접 사이에 숨어사는 이도 손으로 잡아 터뜨려 죽이던 그 시절의 일상화된 비위생적 상황에서 엄마는 늘 엉뚱한 말을 하는 초등학생 아들이 배운 척하는 흰소리라고 무시해버렸다. 음식의 위생이나 안전성은 끼니를 걱정하면서 사시던 어머니에겐 사치였던 것이다. 거의 매일 쥐약과 쥐덫을 놓던 시절, 쥐꼬리를 학교의 숙제로 가져가던 시절에 바퀴벌레는 애교로 봐줄 수 있는 편이었다. '산토닌'이라는 기생충 약을 먹고 대변에 섞여 나오는 회충을 숙제로 가져가던 그 시절 아니었던가. 음식의 안전성보다 음식 부족이 더 시급했던 시절, 학교에서 공부했다고 이 소리 저 소리 해대는 아들의 항의에 어머닌 귀 기울일 필요를 못 느꼈던 것이다.

한국전쟁 때 피난 와서 낳은 아들인 나는 학교에서 늘 새로운 것을 배웠는데, 어느 날 자연시간에 디스토마에 대해 공부했다. 걸리면 죽을 수도 있는 디스토마의 중간숙주는 민물게라고 했다. 우리 집은 게장을 무척 좋아했다. 그래서 난 엄마에게 게장은 디스토마를 옮기니 이젠 게장을 담그지 말라고 말씀드렸다. 어머니는 "위생가가 똥물에 빠져 죽는데." 하며 내 말을 또 일축했다. 난 과학적 지식에 막무가내인 어머니를 설득할 수 없음을 깨닫고 '나이 어린 나라도 살고 보자.'는 마음으로 그날부터 게장을 먹지 않았다. 그런데 나중에 생각해보니 우리가 먹던 게장은 디스토마와 관계없는 털게나 꽃게로 담근 것이 아닌가. 이 경우는 선무당이 사람 잡는 격이 되었다.

지금 나는 식품위생학과 음식윤리를 강의하는데, 이 두 과목은 상호 관련성이 대단히 크다. 한 마디로 위생적이라야 윤리적이고 비위생적이면 비윤리적인 것이라고 할 수 있다. 어렸을 때부터의 철저한 위생 관념, 아니 아프거나 죽을까봐 겁이 났던 마음이 이런 강의를 하는 오늘의 나를 만들었다고 생각하니 우습기도 하다. 그렇게 바퀴벌레가 들끓는 음식을 먹고도 무사히 살아온 것도 돌아보면 다행이면서 신기하기도 하다. 조선시대의 주요 사망원인은 전쟁보다 질병이었고, 질병은 못 먹어서 생기는 영양실조나 영양부족 때문에 발생했지, 바퀴벌레나 디스토마 때문에 생긴 것은 아니었다고 한다. 그래서 음식의 안전성은 먹을거리가 어느 정도 있을 때라야 관심을 기울이게 되는 법이다. 바로 오늘날이 그래야 하는 때이다. 이런 때에 안전하지 못한 음식 때문에 안심하고 먹을 수 없다면 우리는 물질적으로 풍요하지만 윤리적으로 문제가 심각한 시대에 살고 있는 것이다. 음식윤리가 중요한 이유이다.

맛짱, 맛캉스, 먹짱, 먹토……

신어는 말 그대로 최근에 '새로 생겨난 말'이다. 신어는 나중에 사전에 등재되거나 등재되지 않은 채 사라짐으로써 수명을 다한다. 음식과 관련된 신어인 음식신어도 새로운 음식의 등장이나 변화에 따라 계속 만들어진다. 음식신어로부터 정치적·경제적·사회적·문화적 의미는 물론 윤리적 의미도 파악할 수 있다. 예를 들어 '쌀시장'

이나 '수입육'에서는 정치적 의미를, '금추'나 '김치지수'에서는 경제적 의미를, '미니갈비집'나 '맥잡'에서는 사회적 의미를, '저알코올'이나 '녹차카페족'에서는 문화적 의미를, '납김치'나 '식파라치'에서는 윤리적 의미를 읽을 수 있다.[51]

음식윤리의 현대적 원리로는 생명존중의 원리, 정의의 원리, 환경보전의 원리, 안전성 최우선의 원리의 네 가지[96,106]를 들 수 있다. 여기에 최근 김석신(2012a)은 동적 평형의 원리를 추가로 주장하였다.[51] 유사한 의미의 '절제'의 원리라는 표현이 이해하기 쉽지만 절제의 기준이 애매하기 때문에 반응의 평형과 같은 과학적 용어인 동적 평형의 원리를 채용하였다. 이 다섯 가지 현대적 음식윤리 원리는 다음과 같다.

첫째, 생명존중의 원리를 지키지 않는 음식은 이미 음식이 아니다. 왜냐하면 음식은 생명을 유지하기 위해 존재하지 생명에 위험을 주기 위해 존재하는 것이 아니기 때문이다. 미니컵 젤리가 어린이들의 질식사를 유발하기 때문에 생명의 원리를 위반한 식품이라는 주장도 있다.[106] 둘째, 정의의 원리는 가짜가 아닌 진짜 음식을, 바가지가 아닌 정당한 가격에 파는 것이다. 가짜 꿀을 진짜 꿀로, 중국산을 국산으로 속여 팔거나, 농약 범벅인 음식에 위조한 친환경 마크를 붙여 판매하는 행위는 정의롭지 않다. 정의는 개인 간의 올바른 도리 또는 사회를 유지하는 공정한 도리를 의미하기 때문이다. 셋째, 환경보전의 원리는 지속가능한 생명을 위한 실천적 원리이다. 음식은 환경에서 생명을 부여받고, 먹고 남은 음식은 다시 환경으로 보내지기 때문이다. 대량생산만을 위해 농약과 비료를 뿌린 음식 재료는 부메랑처럼 우리의 생명과 건강에 위해를 끼친다.

넷째, 안전성 최우선의 원리는 현재의 과학지식만으로는 위험한지 아닌지 판단할 수 없는 경우에 적용하는 원리이다. DDT가 전 세계에서 선풍적 인기를 끌었을 때 아무도 그 농약의 해로움을 몰랐다. 결국 수많은 사람이 해를 입고 나서야 사용금지 처분을 받았다. 이를 교훈으로 삼아 위험성을 판단하기 어려울 때는 경제성보다 안전성을 최우선으로 삼아 섭취하지 않도록 해야 한다.

다섯째, 동적 평형의 원리는 사람의 신체도 물질이나 에너지가 끊임없이 출입하며 동적 평형을 이루는 하나의 계라는 사실에서 출발한다. 물질이나 에너지의 섭취량과 소모량이 일치하면 동적 평형이 이루어져 일정한 체중을 유지하지만, 섭취량이 소모량보다 많을 때는 여분의 에너지가 지방 형태로 축적되어 체중 증가와 비만을 초래하고 비만은 건강과 생명을 해치기 때문이다. 선진국 일부에서는 패스트푸드나 탄산음료와 같이 비만을 유발하는 음식의 소비를 억제하기 위해 비만세를 도입하고 있는데, 비만세 도입이 법률에 의한 타율적 통제인데 반해, 동적 평형의 원리는 비만을 예방할 수 있는 자율적인 음식윤리의 원리라고 할 수 있다.

1994~2005년 음식신어 367개 가운데 윤리적으로 중립인 신어가 70%, 윤리적으로 의미가 있는 신어는 30%였는데, 긍정적인 신어보

다 부정적인 신어가 더 많았다고 한다.[51] 음식윤리의 원리 가운데 동적 평형의 원리와 관련이 있는 신어가 가장 많았으며, 그 다음 안전성 최우선의 원리, 정의의 원리, 환경보전의 원리의 순서를 보였다. 그러나 생명존중의 원리에 해당하는 신어는 찾지 못하였다. 이로부터 현대인의 식생활에서 가장 중요한 것은 동적 평형의 원리에 따라 절제와 균형을 추구하는 것임을 알 수 있었다.

동적 평형의 원리에 어긋나는 음식신어의 예를 들어보자. '맛짱'은 최고로 맛있는 음식, '맛캉스'는 맛있는 음식을 먹으며 보내는 여름휴가를 말한다. '먹짱'은 몸짱에 대비되는 말로서 잘 먹는 사람을 속되게 이르는 말이고 '먹토'는 먹는 토요일을 이르는 말이다. 이 신어들은 모두 지나친 과식의 이미지를 갖고 있으며 음식윤리 원리 가운데 동적 평형의 원리에 비추어 바람직하지 않다. 미식이든 옥식이든 맛에 대한 욕구가 지나치면 쾌락 위주의 식생활로 이어져 개인과 사회의 건강에 영향을 끼치게 된다. 술 관련 신어로 비오는 날마다 술을 즐겨 먹는 무리를 뜻하는 '우주족(雨酒族)', '금테주' 등 25가지 폭탄주의 신어, '긁어주' 등 다섯 가지 작업명칭주의 신어가 있다. 이들 신어로부터 우리 사회의 지나친 술 문화를 엿볼 수 있고, 이는 개인과 사회의 건강에 해를 끼치므로 동적 평형의 원리에 비추어 바람직하지 않다.

냉장고 문에 붙일 계명

어느 날 햄버거가게에 들러 피시버거 한 개를 사가려고 기다리던 중, 엄마와 두 아이가 빅맥 세트를 먹는 장면을 보게 되었다. 초등학교 3, 4학년쯤 되어 보이는 아이들과 그 어머니는 비만한 체형이었다. 달콤한 케첩에 기름진 감자칩을 찍어 먹고 두 개의 쇠고기 패티를 채운 햄버거를 먹으면서 연신 달콤하고 시원한 콜라를 마시는 모습은 정말 행복하게 보였다. 하지만 식품영양학과 교수인 나는 그 어머니보다 아이들의 비만이 걱정이 되었다. 만일 저 살이 키로 가지 않으면? 미국에서 보았던 비만한 사람들의 모습은 오늘날 우리나라에서도 쉽게 볼 수 있는 일상의 모습이 되고 있지 않은가.

열량이 부족했던 어린 시절에 내가 먹던 짜장면과 음식이 충분한 오늘날 그 어린이들이 먹는 빅맥 세트는 에너지 면에서 다르다. 전자가 에너지 부족에 대한 잠시의 보충이었던 반면, 후자는 에너지 과잉의 배에 또 과잉의 에너지를 주입하는 셈이다. 아이들이 조른다고 그들의 키 대신 뱃살을 자꾸 늘려주는 어머니는 과연 윤리적으로 바람직할까? 나는 그 가족의 집 냉장고 문에 간결하고 실천하기 쉬운 음식 수칙을 적은 쪽지라도 붙여주고 싶었으나 그럴 수는 없었다. 그렇다. 매일 음식을 먹고 싶을 때마다 반복적으로 보고 스스로를 제어할 수 있는 어떤 '계명'이 필요한 것이다.

나는 식품가공학 시간에 학생들이 어묵, 소시지, 호박잼, 빵, 초콜릿, 캐러멜, 고구마전분 등을 만들게 한다. 음식 봉사할 때 짜장면을 만들어 무료로 제공하기도 하고 경우에 따라 돈 받고 팔아서 기금에 보태기도 한다. 그러나 이런 일이 자주 있지는 않다. 나는 주로 먹는 데 치중한다. 음식을 만들고 파는 것보다 먹는 것이 나의 가장 기본적인 일이다. 식품회사 사장님이나 주방장도 매일 먹는다. 음식을 만들고 팔고 먹는 모든 사람을 음식인이라고 하자. 그렇다면 그 음식인이 지켜야 할 '윤리적 계명'은 음식인 윤리강령이라고 부를 수 있지 않을까.

나는 음식윤리를 늘 주장하는 사람이다. 하지만 예수도 고향에서 인정받지 못했듯이 우리 집 식구들은 내 말에 귀를 잘 기울이지 않는다. 음식윤리는 어느 날 아침에 눈 뜨니 세상이 바뀌어 있더라는 식으로 하룻밤 꿈처럼 될 일이 아니다. 그래서 2010년부터 음식윤리를 강의하기 시작했다. 지금도 식품영양학 전공 학생들이 전문인답게 음식윤리를 체득하여 졸업하기를 바라며 강의를 하고 있다. 비록 이 강의의 효과가 크지 않고, 더욱이 이런 강의가 우리 학교에만 개설되어 있어 전국적인 효과를 기대할 수 없다 하더라도, 나는 이 일에 식품공학자로서 마지막 에너지를 다 쏟아 부을 것이다.

그러던 2012년 식품공학과 동기 교수들과 책을 한 권 쓰게 되었는데, 나는 '음식에 대한 책한 생각, 음식윤리'라는 제목으로 한 부분을 썼다.[107] 음식윤리라는 낯선 제목의 글에 대해 호기심을 느낀 음식전문지 《에쎈》의 기자와 인터뷰를 하게 됐다. 그 기자의 질문 가운데 뇌리를 벗어나지 않는 한 가지 질문이 있다. "누구나 다 음식윤리에 대한 책을 읽을 수도 없을 텐데, 이 음식윤리를 모두가 이해하고 실천하게 하려면 어떻게 해야 하나요?" 이것이 그 기자의 질문 요지였다. 또 이 책을 읽은 내 아들의 비평에도 같은 맥락의 지적사항이 들어 있었다. "So what? 아니, 그래서 독자더러 어떻게 하라는 거지요?" 아마 이것이 아들의 비평 요지일 것이다. 그 질문에 대한 나의 답변이 바로 음식인 윤리강령이다.

음식인 윤리강령은 존재 자체로도 중요하고, 이것을 선포하고 매일 실천하는 것도 대단히 중요한 일이다. 음식을 만들 때 팔 때 먹을 때 음식인들이 함께 소리 내어 읽으며 마음에 윤리의식을 되새길 필요가 있다. 물론 마음에 윤리의식이 자리 잡아야 윤리강령이 생명을 얻는 것은 틀림없다. 하지만 내용만큼 형식도 중요하다. 형식의 측면에서 음식인 윤리강령보다 더 눈에 띄는 조치나 방도는 찾기 어렵다.

지난해 음식윤리를 강의하면서 학생들에게 음식인 윤리강령을 만들도록 과제를 주었다. 학생들은 학기 내내 자료를 수집하고 토의하고 발표하고 정리한 후 음식인 윤리강령을 만들어 제출하였는데, 공통적으로 자주 등장한 강령은 다음과 같다.

1. 음식인은 생명을 위태롭게 하거나 위협하는 행위를 하면 안 된다.
1. 음식인은 세속적 가치보다 정의를 기준으로 삼아야 한다.
1. 음식인은 안전을 최우선으로 이윤추구에 앞서 책임의식을 지녀야 한다.
1. 음식인은 지속가능한 환경보전의 실천에 적극적이어야 한다.
1. 음식인은 영양의 균형을 위해 탐식과 편식을 피해야 한다.

음식인 윤리강령, 다섯 가지 원리를 바탕으로

그렇다면 음식윤리는 누가 지켜야 하는 도리인가. 오늘날의 우리는 당연히 음식을 만드는 사람과 파는 사람이 지켜야 한다고 생각할 것이다. 그리고 만들고 파는 사람에는 주방장과 상인은 포함되지만, 집에서 음식을 만드는 어머니는 포함되지 않는다고 생각할 것이다. 더군다나 음식을 사먹는 사람은 음식윤리를 지켜야 할 대상이 아니라고 생각할 것이다. 모든 문제는 부정식품이나 불량식품을 만들거나 파는 사람들에게 있다고 생각하기 때문이다. 과연 그럴까?

어린이 비만을 예로 들어보자. 어린이 비만은 전 세계적으로 가장 흔한 영양장애로서 매년 그 빈도가 증가하고 있으며, 소모되는 양보다 많은 양의 칼로리 섭취가 주원인이다.[108] 어린이 비만은 성인 시기까지 이어지는 경우가 많고, 비만이 지속되면 지방간, 고콜레스테롤 혈증, 고혈압, 당뇨병, 심혈관 질환, 호흡기 질환, 종양, 불임, 우울증, 사회 부적응 등이 다양하게 발생할 수 있어, 결국 수명단축까지 초래하게 된다. 따라서 바람직한 생활습관으로서 매일 아침 식사를 하고, 1주일에 6회 이상 가족이 함께 식사하며, 외식은 가능한 한 줄여야 한다. 또 섬유질이 풍부한 야채와 과일을 충분히 먹고 탄산음료 등은 피하는 것이 좋다.

이러한 어린이 비만과 같은 사례는 어린이 당사자와 그 가족뿐만 아니라 현 사회는 물론 지속되어야 할 미래사회에도 바람직하지 않다. 윤리적으로 살아야 하는 이유가 개인과 사회의 행복이라고 할 때 어린이와 어머니 모두 음식윤리로부터 자유로울 수 없지 않을까? 앞에서 언급한 바와 같이 음식은 나라는 개체를 위한 것이기에 우리 모두는 각자 개체적으로 먹지만, 우리가 먹는 음식에는 다른 존재와 다른 사람의 노력이 함께 들어 있기에, 우리는 개체적이면서 공동체적으로 음식을 먹는다. 대부분의 문화권에서 탐식을 비도덕적 행위로 간주하는 것에서 알 수 있듯이, 음식을 먹는 행위는 식욕 만족의 본능적 행위이면서 동시에 이웃과 함께 하는 이성적 행위이기 때문에 윤리적인 고려의 대상이 되는 것이다. 오늘날 과학의 발달과 사회의 분화는 음식윤리에 영향을 끼쳐, 먹는 행위뿐만 아니라 만들어 파는 행위로 범위를 넓혔으며, 음식윤리의 사회적 중요성도 크게 부각시켰다. 따라서 음식윤리를 지켜야 할 주체는 오히려 음식을 먹는 사람으로부터 만드는 사람과 파는 사람으로 확대되었다고 보는 것이 적절하다.

그렇다면 음식윤리를 지킬 '먹고 만들고 파는 사람' 모두를 대표하는 용어로서 어떤 명칭이 가장 적합할까? 이에 대해 '음식인'이라는 용어의 제안이 있다.[109] 그 제안에 따르면 음식을 먹는 사람에는 세상을 살아가는 사람 모두가 포함되고, 음식을 만드는 사람에는 주방장, 조리사, 농어민, 음식 연구원, 메뉴개발자, 음식 관련 방송인이나 언론인 등이 포함되며, 음식을 파는 사람에는 시장 상인, 슈퍼마켓이나 대형 유통업체에 속한 사람 등이 포함된다. 그 제안에서는 사람의 직업을 나타내는 접미사를 검토하였다. 정치가, 소설가의 접미사 가(家), 변호사, 설계사의 접미사 사(士), 교육자, 철학자의 접미사 자(者)는 전문성을 나타내는 것으로 사회적으로 선호하는 상위계층에 속하는 직업을 나타내는 데 비해, 정치인, 연예인, 방송인의 접미사 인(人)은 어떤 분야의 종사자임을 표현하는데다가 계층의 의미에서도 중도적이므로, 음식과 관련된 분야의 종사자를 '음식 관련인', 이를 줄여 '음식인'이라고 부르자고 제안하였다. 이 '음식인'이라는 용어는 음식윤리를 지킬 '먹고 만들고 파는 사람' 모두를 대표하는 표현으로서 적절하다고 생각된다.

그렇다면 음식인이 지켜야 할 음식윤리적 권고를 알기 쉽게 요약하여 제시하는 '음식인 윤리강령'이 있으면 바쁜 일상생활 중에서도 음식윤리를 염두에 두고 음식을 먹고 만들고 팔지 않겠는가? 이 음식인 윤리강령은 음식윤리의 원리를 근거로 윤리적 행위의 실천을 도와주기 위한 간결한 덕목인 셈이다. 그런데 전형적인 윤리강령은 의사나 변호사 등 전문직의 경우에 갖추어진 경우가 많은데, 음식인이 전문인에 속하는지 아닌지 판단할 필요가 있다. 이에 대해 음식인도 전문인 또는 준전문인이라는 주장이 있다.[109] 그 주장에 따르면 의사나 변호사는 환자나 의뢰인과 명백히 구별되는 전문인이지만, 음식을 만들거나 파는 사람도 음식을 먹는 일인이역을 맡기 때문에 만들거나 파는 사람은 전문인이고 먹는 사람은 비전문인이라고 할 수 없다는 것이다.

오늘날 음식을 먹는 사람은 웬만한 음식에 대해 인터넷이나 매체를 통해 넘쳐나는 정보와 충분한 지식을 전문가 못지않게 갖고 있다. 또 음식을 먹는 사람은 소비자 단체의 도움으로 비윤리적인 상황에 대해 충분히 합리적으로 저항할 수도 있다. 따라서 오늘날에는 음식을 만드는 사람이나 파는 사람만 음식전문가라고 할 수 없으며, 오히려 음식을 먹는 사람도 전문가 혹은 적어도 준전문가에 해당한다고 볼 수 있다. 기존의 영양사 윤리강령, 조리사 윤리강령, 식품과학기술인 헌장 등도 있지만, 보다 포괄적이고 보편적인 음식인 윤리강령이 꼭 필요한 시대라고 할 수 있다. 이 음식인 윤리강령은 음식 윤리의 다섯 가지 원리(생명존중, 정의, 안전성 최우선, 환경보전, 동적 평형)를 바탕으로 여러 사람이 오랜 시간 연구하여 정립하여야 할 것이다.

행복해지기
위한 조건

06

돈이 항상 행복을 약속하는가

고등학교 1학년 때 아버지께서 갑자기 돌아가신 후 집안 가세가 크게 기울어졌다. 그러다보니 등록금을 제때에 내지 않았다고 담임선생님께서 나를 두세 차례 집으로 돌려보내셨다. 사립학교라 등록금이 비싸기도 했지만 경제적 문제가 없는 다른 친구들과 비교되는 것은 사춘기의 나이에 견디기 힘든 일이었다. 그럴 때마다 일찍 돌아가신 아버지가 원망스러웠고 내 처지가 너무 서글퍼 우울해졌다. 한마디로 행복하지 않았다. 하지만 러셀[110]의 말처럼 '사람들이 원하는 것들 중 일부가 부족한 상태가 행복의 필수조건'이라는 것은 사실이었고, 그 부족함이 생활에 에너지를 주었으며, 작은 어려움은 쉽게 극복할 수 있었다. 난 내 아이들 등록금을 납부기한보다 늦게

낸 적이 한 번도 없다. 아마도 내 아이에게는 그런 아픔을 주지 않으려는 무의식적인 배려였을 텐데, 우리 아이들은 으레 부족함을 모르고 컸을 뿐 여기서 행복을 느꼈을 것 같지는 않다. 찢어지게 가난함은 결코 행복감을 주지 못하겠지만, 약간의 부족함은 작은 일에도 행복함을 느끼도록 이끌 수 있다.

　나는 연구소를 다니면서 박사과정을 밟다가 35세에 늦깎이 유학을 떠났다. 어렵사리 장만했던 아파트를 팔고 퇴직금을 받아 자비유학을 떠난 것이다. 1년이 거의 다 되어 가져간 돈이 바닥을 드러냈을 때 드디어 장학금이 나왔다. 등록금을 면제받았고 매달 생활비도 약간씩 받았지만, 4인 가족이 살기에는 부족했기 때문에 나와 아내는 아르바이트를 하며 부족한 생활비를 벌었다. 늘 열심히 살았고 때론 심신이 녹초가 될 정도로 지치기도 했다. 그래도 우리 가족은 학교 안의 기혼자 아파트에 살아 편안했고 미국 곳곳을 여행하면서 나름 유학생활을 즐겼다. 아이들은 한국에 있을 때 먹어보지 못했던 맥도날드 해피밀과 피자헛 피자만으로도 행복해했다. 물론 내 경우 이 정크 푸드가 뱃살의 원인이 되었지만, 아무튼 비디오로 찍은 영상을 보면 유학시절이 참 행복했었음을 다시금 느낄 수 있다. 하고 싶은 것은 다 할 수 있었고, 열심히 일하고 열심히 봉사하는 삶을 살면서 스스로 삶의 가치를 느꼈으며, 좋은 대학에서 열심히 공부하는 유학생이라는 자긍심도 높았다. 행복했다. 유학시절을 되돌아볼 때 아주 풍족해야만 행복한 것은 분명 아니다.

어렸을 때 설날이면 아이들이 다 그런 것처럼 세뱃돈은 내게 엄청난 행복을 주었다. 요즘 아이들이 만 원, 오천 원, 천 원 지폐를 받는 것처럼 나도 그 당시의 화폐로 세뱃돈을 받았고 커갈수록 조금씩 더 받았다. 아, 그 행복감은 이루 말할 수 없었다. 군것질을 여러 번 해도 주머니에 아직 잔뜩 남아 있는 돈의 감촉 때문에 너무 기뻐 저절로 콧노래가 나왔다. 1년에 단 한 번이 아니라 매일 절하고 세뱃돈 받고 매일 군것질하면 얼마나 좋을까. 이런 상상은 하는 것만으로도 즐거웠다. 하지만 만약 상상이 실현된다면 어떻게 될까? 아마도 세뱃돈의 행복은 며칠 지나지 않아 시들해질 것이다. 한계효용체감의 법칙 때문이다. 이제 어른이 되니 아이들 세뱃돈은 물론 부모님께 드릴 세뱃돈도 준비하느라 설날마다 등골(?)이 휠 지경이다. 만약 1년 365일 매일이 설날이라면 아마 어른들은 모두 병에 걸릴 것이다. 그래도 기뻐하시는 부모님과 몇 만 원에 너무도 행복해하는 아이들을 보면 덩달아 행복해지겠지만.

내 주변에 정말 돈이 많은 사람이 있었다. 돈 한 푼을 허투로 쓰는 법이 없었고 옷차림이나 행동 모두 겸손하였다. 하지만 그분이 행복하다는 느낌은 찾아보기 어려웠고 늘 돈을 관리하느라 힘겨워했다. 분명 돈은 행복을 약속하지만 꼭 그 약속을 지키지는 않는다. 왜냐하면 그 약속은 우리가 원한 일방적인 약속이고 돈은 계약의 도장을 찍지 않았기 때문이다.

언젠가 '나는 행복한가?'라고 스스로에게 질문을 던졌다. 그리고 대답을 했다. '나는 행복하다'고. 매일 매일 행복한가? 출근할 때도 행복하고 퇴근할 때도 행복한가? 직장에서 어려운 일이 생겨도 행복하고 집안에 슬픈 일이 생겨도 행복한가. 영어로 'not always'라고 할 수 있지만 나의 대답은 여전히 '행복하다'. 왜냐하면 행복은 한순간의 상태를 말하는 것이 아니라 꾸준히 지속되는 어떤 마음의 흡족함을 의미하기 때문이다. 기쁨 가득한 웃음이나 너무 기뻐 우는 것도 행복이지만 그냥 미소가 나오는 흐뭇함도 행복이다. 슬픔은 행복이 아니지만 슬픔 뒤에 찾아오는 마음의 평정은 행복이다. 행복은 분명 좋은 감정의 지속적인 상태이다.

행복하기 위해 필요한 지혜

돈이 있어야 의식주도 해결하고 자녀교육도 시킬 수 있다. 그래서 사람들은 돈만 있다면 뭐든 다 할 수 있다고 생각한다. 속담에 '돈만 있으면 귀신도 부릴 수 있다.'고 하지 않았던가. '돈에 대한 사랑은 돈이 자랄수록 자란다.'는 속담처럼 아무리 돈이 많아도 더 많이 갖고 싶은 돈 욕심에 빠지게 된다. 돈이 많아야 행복해진다는 믿음은 선진국, 후진국을 막론하고 전 세계 사람들이 가지고 있는 보편적인 믿음이자, 강렬하고 맹목적인 열망이다.[111] 그래서 어느 나라든 복권이 잘 팔리나 보다. 그러나 아무리 돈이 많고 물질적으로 풍요하다 하더라도, 우리에게 가장 소중한 것은 행복이다. 강원도의 탄광촌은 옛적에 돈이 길바닥에 깔려 개들이 만 원짜리 지폐를 물고 다녔다고 하는데, 과연 행복했을까?

　미국은 전 세계 인구의 5퍼센트 인구를 가졌지만, 경제는 세계 총 생산의 30퍼센트 이상을 차지하는 부자 나라이다. 1인당 국민소득 은 세 곱절 증가하였지만 놀랍게도 행복지수는 55년 전이나 2000 년이나 별 변화가 없다. 일본의 경우 역시 지난 35년 동안 소득수준 이 급속도로 상승했는데도 행복지수는 높아지지 않았다. 독일의 국 민소득은 1985년 이래 크게 늘었지만 행복지수는 오히려 낮아졌 다.[111]

　우리나라의 2012년 1인당 국내총생산(GDP)[112]은 22,582달러로 전 세계 26위를 차지하지만, 2010-2012년 행복지수[113]는 6.267점 으로 41위에 그침으로써 경제적 수준보다 상대적으로 덜 행복한 것 으로 나타났다. 경제적 풍요가 우리를 행복하게 해줄 것이라고 기 대해 왔지만 이 풍요는 우리를 다른 행복의 원천으로부터 멀어지 게 하고 있다. 따라서 우리는 돈보다 균형 잡힌 행복을 추구해야 한 다.[114] 물론 돈은 최소한의 욕구를 충족시킬 때까지는 행복에 결정 적인 요소로 작용하지만 일단 충족되면 그 중요도가 급속히 떨어지 는 특성을 지닌다. 일반적으로 1인당 소득 2만 달러를 그 경계선으 로 여긴다. 실제로 극빈층은 평균보다 덜 행복해하지만, 나머지 계 층 사람들이 느끼는 행복은 소득에 관계없이 큰 차이가 없다.[115] 러 셀(2009)[110]도 일정 시점까지는 돈이 행복을 증진시킬 수 있지만 그 시점을 넘어서면 결코 그렇지 않으며, 행복의 한 가지 요소에 불과

한 성공을 위해 나머지 요소들을 모두 희생한다면 지나치게 비싼 대가를 치르는 셈이라고 말했다.

어느 문화권이든 사람들은 행복이 인생의 궁극적인 목표이고 돈보다 더 중요하다고 여긴다.[116] 사랑, 우정, 화목, 존경, 명예, 지위 등은 사람들이 인생에서 가장 얻고 싶어 하는 것들인데, 이런 가치들은 대부분 돈으로 사기 어렵고 시장에서 거래되지도 않는다.[111] 행복한 사람은 보기만 해도 알 수 있다. 행복한 표정은 만국 공통이다. 행복은 인간 본성의 일부다. 우리는 행복을 좋은 느낌으로, 불행은 나쁜 느낌으로 금방 이해한다.

인간이 행복하기 위해서는 지혜가 필요하다.[115] 이 지혜와 관련하여 인간의 행복을 결정짓는 핵심 요소가 윤리이다. 가족관계, 일, 인간관계, 자유, 가치를 포괄하는 개념이 윤리이기 때문이다. 경제적 여유도 인간을 행복하게 만들지만 일정한 경제적 수준 이상에서는 윤리적으로 합당한 삶이 인간을 행복하게 만든다.[114] 윤리학은 인간 삶의 의미와 목표를 행복에 두고 행복의 본질과 가치를 탐구하는 행복학이며, 이에는 주관주의, 객관주의, 및 절충주의의 입장이 존재한다.[117]

주관주의는 행복의 최고 권위자는 자기 자신이라는 개념이다. 역사적으로 주도적인 주관주의 행복이론은 쾌락주의였다. 이것은 행복을 쾌락과 고통의 부재로 환원한다. 하지만 신체적 고통을 느끼면서도 행복할 수 있거나 반대로 신체적 쾌락을 경험하면서도 행복하지 않을 수 있다는 것을 인정한다면, 행복이란 말의 의미는 쾌락과 동의어로 볼 수 없다.

객관주의에는 행복의 본질을 가치론적으로 탐색하려는 본질주의와 기본적 욕구의 패턴으로 규정하려는 욕구이론이 있다. 본질주의 관점에서 인간은 마땅히 가야 할 길을 가면서 충만한 삶을 살아갈 때 행복하다. 인간의 본질은 모든 인간 존재에 공통되면서 고유한 속성으로, 아리스토텔레스는 인간을 이성을 부여받은 존재로 보았다. 따라서 인간의 선은 이성에 따른 덕에 일치하는 영혼의 활동이고 이 활동은 훌륭하고 탁월하게 수행되어야 한다. 아리스토텔레스가 행복을 덕과 동일시하는 것도 이런 까닭이다. 객관주의 입장에서 보면 어떤 사람이 행복을 느끼고 정말 행복하다고 주장하더라도 행복하지 않을 수 있다. 행복감(feeling happy)과 행복함(being happy)은 다른데도 사람들은 이것을 혼동하고 있다는 것이다. 욕구이론에서는 인간의 행복은 개인적 욕망이나 성향 혹은 호불호와 상관없이 기본 욕구에 의존한다고 보고, 사회적·경제적 차원에서 행복을 측정하고 이를 객관적 사회지표로서 제시한다.

절충주의는 주관주의와 객관주의를 동시에 고려하는 복합적 행복개념으로, 만족, 복리, 존엄성을 행복의 구성요소로 간주한다. 즉 행복의 평가는 개인의 만족감뿐만 아니라 경제사회적 조건, 도덕성 문제까지도 고려해야 한다는 점을 강조하는 것이다. 만족은 행복에 대한 자기평가를 통해서 측정되나, 느낌이나 감각이 아니라 자신의

삶에 대한 긍정적 태도를 가리키며 일시적인 감정이 아니라 지속적
·안정적 상태를 의미한다. 만족한다고 해서 반드시 행복한 삶을 누
린다는 의미는 아니다. 복리는 사회경제적 지표로 쉽게 측정할 수
있는 행복의 객관적 요소이다. 기본적 욕구의 충족이 필수적이라는
욕구이론가들의 주장을 가미한 것이다. 그러나 복리의 수준이 곧 행
복의 수준은 아니다. 물질적으로 풍족하면서도 스스로 행복하지 않
다고 생각할 수 있다. 존엄성은 객관적으로 수량화하기 어려운 행복
의 심리적 요소로서 선택권, 가치, 위신 세 가지가 있다. 선택은 자
신의 문화적 정체성에 대한 선택, 사회적 역할에 대한 선택, 정치적
결정에 대한 선택이다. 또 가치 있는 활동이 포함되어야 한다. 그리
고 위신은 남의 존경과 부러움을 일으킬 수 있는 성질의 자산이다.

　돈은 행복의 필요조건이다. 그렇다고 돈이 있다고 해서 다 행복한
것은 아니다. 따라서 충분조건은 아니다. 행복해지기 위해서는 돈도
필요하지만 돈 이외에 다른 것이 필요하고, 돈이 없다고 하더라도
다른 것이 있으면 행복할 수 있다는 말이다. 전자에는 명예나 자존
감, 자아실현 정도 등이 있고, 후자에는 자신에 대한 긍정적인 자세,
작은 것에도 만족할 줄 아는 겸손이 있다. 가장 중요한 것은 자기 자
신에 대한 믿음과 성찰이다. 가장 극단적인 경우 돈과 모든 복을 갖
고 있더라도 행복하지 않다면 앞에서 지적한 자신에 대한 긍정적인
자세, 작은 것에도 만족할 줄 아는 겸손이 부족하기 때문이라고 볼
수 있다. 이런 행복은 소위 자기에 대한 성찰, 인생철학, 윤리관 등

을 갖추고 있느냐 여부와 관계가 있는데, 삶의 단기 목표로부터 멀리 있는 이런 것들은 사람들이 배양하기 어려워하는 것들이다. 하지만 이런 것들은 오히려 사람들이 자기의 행복을 위해 꼭 필요한 것들이고 적어도 무한정 돈만을 좇아 사는 삶으로 부터 사람을 보호할 수 있는 안전핀의 역할을 한다.

요즘 인문학에 대한 갈증도 다 이것과 연관이 되고 종교와 신앙과 같은 영성에 관심이 기우는 경향도 이런 욕구가 존재하기 때문임을 깨달아야 한다. 물론 돈 없이 행복할 수 있다는 것은 굉장한 도를 닦기 전에는 불가능해 보일지 모른다. 그러나 인류의 역사에서 위대한 인물들은 모두 돈의 이런 맹점을 지적했고 돈과 행복에 대해 기대하는 것이 얼마나 허망한지 이야기해왔다. 하지만 사람은 태어나면서 거의 반복적으로 선조들의 행위를 답습해왔고 주옥같은 현자들의 금언은 그냥 금언으로 남겨두었다. 그래도 분명히 사실인 것은 사실이다.

07

돈 많은 시대의 랍스터나 킹크랩

직업을 택하는 데에는 여러 가지 동기가 있다. 언젠가 텔레비전에 나온 중국음식점 주방장은 그 옆을 지날 때마다 풍기는 맛있는 음식 냄새에 이끌려 평생 주방장으로 일하게 되었다고 말했다. 내가 어린 시절 이런 특별한 동기가 없는 남자아이들이 원하는 직업은 대통령, 경찰, 군인, 소방관 등이었고 여자아이들의 경우는 교사, 간호사 등이었다. 요즈음 아이들이 가장 많이 바라는 직업은 탤런트, 가수, 개그맨, 연예인, 골프 선수 등이 아닐까? 아이들이 희망하는 직업도 세월이 흐르면서 달라지는 것 같다. 차이점이 있다면 예전 아이들이 지금보다 가난했지만 돈보다 역할의 의미에 중점을 둔 반면, 요즘 아이들은 돈과 인기에 중점을 둔다는 점이다. 노래에 대한 인기도 세월 따라 변한다. 아버지의 애창곡은 남인수 씨가 부른 〈애수의 소야곡〉이었고, '운다~고 옛사람이 오리~요~만은~' 하고 나도 어렸을 때 이 노래를 따라 불렀다. 지금은 소녀시대 등 K-POP 가수들의 노래가 세계적으로 인기를 누리고 있다. 예전 아이들이 먹고 싶었던 음식은 기름기 자르르 흐르는 흰쌀밥이었다. 보리밥, 잡곡밥, 현미밥은 그 영양적 가치에도 불구하고 싫어했고, 보리밥은 보릿고개 때에만 사랑받았다. GDP 2만 달러 이상의 돈 많은 시대에 사는 요즘 아이들이 좋아하는 음식은 무엇일까? 판매량이든, 판매액이든, 먹는 사람 수든, 1일 먹는 횟수든 기준을 정해야겠지만 그냥 직감적으로 판단한다면 특별한 날에는 랍스터나 킹크랩, 그리고 일상적인 날에는 피자나 햄버거 같은 정크 푸드가 아닐까?

1980년 후반만 해도 우리나라에는 햄버거가 흔하지 않았으며 피자는 더욱 보기 힘들었다. 그러던 것이 요즘은 동네마다 햄버거 가게와 피자집이 즐비하다. 또 치즈도 과거엔 슬라이스치즈뿐이었는데 지금은 아주 다양한 천연치즈를 많이 찾는다. 맥주는 두세 가지 국산 맥주만 있었는데 이제는 다양한 종류의 외국산 맥주를 마신다. 포도주도 한두 가지 국산뿐이었는데 지금은 프랑스, 이탈리아, 스페인, 호주, 칠레 등 세계 각지의 포도주가 수입되고 있다. 김치는 냄새 때문에 외국인이 싫어했는데 요즘은 김치의 효능으로 인해 인식이 바뀌면서 자랑거리가 되었다. 전통음식과 외국음식을 절묘하게 조화시킨 퓨전 푸드도 인기를 끌고 있다.

몇 년 전 미국 캘리포니아에서 음식점을 운영하는 동서 가족이 모국 방문을 왔다. 동서는 서울 시내에 음식점이 '한 집 건너 또 한 집' 식으로 많이 몰려 있는 것을 보고 눈이 휘둥그레져서 미국에 이렇게 음식점이 많으면 다 문 닫아야 하겠다고 말했다. 그렇다. 우리나라처럼 식당이 많은 나라가 있을까? 한국의 식당 수는 미국의 4배, 일본의 2배이다.[87] 이 통계는 한국인이 그만큼 외식을 많이 한다는 것을 입증한다.

미식이나 옥식은 바람직한가?

우리나라의 1인당 GDP는 2012년 22,582달러로 1990년에 비해 3배 이상 증가한 것으로 나타났다.[112] 이러한 소득의 증가는 가정을 벗어나 먹는 외식의 확대를 초래하였고, 외식업소의 규모나 수적 증가는 식당 관련 신어로부터도 잘 알 수 있다. 그런 신어의 예로서 음식거리, 먹거리거리, 먹자촌, 국밥집, 라면집, 분식점, 야식집, 한식점, 갈비촌, 곱창마차, 보쌈집, 삼겹살집, 미니갈비집 등을 들 수 있다.[51]

이렇게 돈이 많아지고 외식이 늘면 미식(美食), 옥식(玉食), 식도락(食道樂)을 하게 마련이다. 미식은 '좋은 음식'이고, 옥식은 '맛있는 음식'을 뜻한다. 식도락은 '여러 가지 음식을 두루 맛보는 것을 즐거움으로 삼는 일'이다. 미식이나 옥식은 허기를 채우는 본능적 행위를 넘는 예술적이고 문화적인 음식 또는 식행동을 가리킨다. 적어도 배가 고프지 않은 상태에서도 맛에 대한 찬사가 끊이지 않아야 미식 또는 옥식이라고 할 수 있다.

미식이나 옥식은 바람직한가? 집안식구들은 모두 꾀죄죄한 모습에 피죽도 못 먹어 영양부족에 시달리는 상황인데, 아버지 혼자 기름기 흐르는 쌀밥을 독상으로 받아먹는다면 그 미식은 바람직할 수 없다. 가족이라는 공동체의 행복을 빼앗지 않고 오히려 행복을 도와주면서 아버지가 행복해지는 것이 바람직하다. 오늘날은 혈연이나 지연과 관계없는 공동체가 많아졌고 지구촌이 세계화되어 그 범위가 아주 넓어졌다. 아프리카에서 기아에 시달리는 사람들에게 1달러만 보내주면 며칠 동안 먹고 살 수 있다는데, 100달러짜리 음식을 한두 명의 미식가가 즐기고 또 남겨서 쓰레기통에 버린다면 바람직하겠는가?

좋은 음식을 아름답게 먹는 일은 우리가 즐겨야 할 문화이고 그 자체는 좋은 일이다. 하지만 행복해지기까지 우리를 도와줬던 이웃이 있었던 것처럼 우리도 이웃을 도우며 음식을 먹어야 하지 않겠는가. 적어도 우리 조상들은 음식을 먹기 전에 자연에 감사하고 자연과 나누기 위해 '고수레'를 한 후에 먹었다. 미식이나 옥식도 이웃들에게 '고수레'를 한 후에 편안하게 먹어야 행복해질 것이다.

요즈음의 지나친 외식, 특히 육류 위주의 외식은 비만을 유발하여 건강을 해칠 수 있다. 2010년 사망자 255,406명을 주요 사망원인별로 보면 인구 10만 명당 암 144.4명, 뇌혈관질환 53.2명, 심장질환

46.9명, 당뇨병 20.7명의 순서를 보였는데, 이 질환들은 대부분 음식 섭취와 관련이 있기에 행복한 삶을 위해서는 육류 위주의 외식을 절제해야 한다.[51]

음식과
불행

08

음식이 개인과 가족공동체의 불행을 초래하다

아버지는 고혈압으로 인해 45세의 한창때에 뇌졸중, 이른바 중풍에 걸려 반신불수가 되셨다. 다행히 거동할 수 있었고, 불편한 몸으로 계속 일하시면서 가족을 부양하셨다. 그러다가 55세 때에 갑자기 돌아가셨고 그때 나는 고등학교 1학년이었다. 가세는 기울어졌고 설상가상으로 어머니가 사기까지 당해 고초를 겪으셨지만 우여곡절 끝에 어느 정도 살게 되었다.

가장인 아버지가 건강을 잃고 또 돌아가시기까지 한 사실은 우리 가족 한 사람 한 사람에게 대단히 심각한 영향을 끼쳤다. 우리 가족은 해체의 벼랑 끝까지 몰렸으며 가정의 행복은 아주 멀어져갔다. 가족의 행복한 삶이라는 너무도 소박하고 기본적인 바람이 아버지의 와병과 사망으로 무너져버린 것이다.

여기서 음식을 중심으로 우리 가족을 살펴보기로 하자. 아버지도 고혈압이었지만 어머니도 나중에 혈압약을 드셔야 했고, 친할머니도 고혈압으로 인해 중풍을 앓다가 돌아가셨다. 4남 2녀 우리 형제들은 막내동생을 제외하고는 모두 혈압약을 복용하고 있으며, 큰형은 심장수술을 받았고, 작은형은 뇌경색으로 쓰러져 회복중이다. 이정도 가족력이 있으면 식생활을 살펴봐야 한다.

부모님 고향은 항구도시 흥남이라 생선과 젓갈이 중심인 식생활을 하셨다. 우리 가족은 아주 짜게 먹었다. 유전적으로 고혈압 가능성이 높음에도 불구하고 그렇게 한 것이다. 영양으로나 유전으로나 가장 좋지 않은 식습관이었다. 그리고 우리가 어렸을 때는 오늘날의 복부 비만을 소위 '사장배'라고 부르며 바람직한 모습으로 생각하였다. 아버지도 배가 나오려고 많이 애쓰셨으며 어느 날에는 볼록 나온 배를 내 앞에서 자랑하기도 하셨다. 선천적 요인과 후천적 식생활의 두 가지 모두 고혈압 그리고 뇌졸중을 불러일으킨 주요 원인이 되었다고 볼 수밖에 없다. 음식이 개인과 가족공동체의 불행을 초래한 것이다.

우리 아이들이 어렸던 아주 오래전 일이다. 아내가 외출 중이라 아이들과 먹으려고 라면 세 개를 맛있게 끓이다가 동네 슈퍼마켓에서 사온 달걀 세 개를 깨뜨려 끓는 냄비에 넣는 중에 이상하게도 흰자의 색깔이 검은 세 번째 달걀이 냄비에 들어가는 순간 썩은 냄새가 코를 찔렀다. 달걀이 심하게 상한 것이었다. 고약한 썩은 냄새를 풍기는 그 달걀 때문에 맛있게 끓은 라면은 색깔과 맛이 고약하게 변했다. 나는 라면을 싱크대에 버리고 슈퍼마켓에 달려갔다. 이 분노의 상황은 슈퍼마켓 주인이 미안하다며 달걀 세 개를 다시 주는 것으로 마무리되었다. 매일 보다시피 하는 그 주인에게 더 이상 심한 말을 못하고 나는 돌아와서 라면을 다시 끓이면서 달걀을 미리 그릇에 깨 넣어 상태를 확인한 후 라면에 넣었다. 그날 이후 그런 달걀을 본 적이 없다. 그때 단 한 번뿐이었다. 썩은 달걀로 인해 생긴 잊히지 않는 불행이었다.

몇 해 전 부부 다섯 쌍 10명이 모여 식사를 했다. 회를 파는 일식집이었는데, 나중에 알고 보니 일요일이라 주방장 없이 종업원이 전날 만든 회와 반찬을 제공한 것이었다. 식사 후 집에 돌아와 자다가 나는 구토와 설사를 심하게 했다. 너무 심하게 아파 죽고 싶을 정도였다. 내가 구토할 때 내 등을 두드려주던 아내가 교대로 구토와 설사를 했다. 아내와 난 밤새 앓았다. 그래서 아침 일찍 다른 부부들에게 전화를 했더니 10명 중 9명이 구토와 설사를 했다는 것이다. 좀 찜찜해서 적게 먹은 한 사람만 제외하고는 전원이 다 구토와 설사를 했다는 것이다. 엄청난 식중독이었고 잘못 보관된 음식이 불행의 원인이었다.

농약 뿌린 쌈채소, 가장 흔한 불행의 사례

음식과 그로 인한 불행의 실제 사례들은 다음과 같다.[51,107]

생명존중의 원리

최근 건강을 위해 채식을 하는 사람들이 많아지고 있다. 채식 위주로 먹는 경우 쌈채소를 자주 많이 먹게 되는데, 이런 경우 쌈채소에 농약이 들어 있으면 몸에 더 해로울 수밖에 없다. 건강하기 위해 먹는 쌈채소가 오히려 건강을 해치는 결과를 초래하게 된다. 그런데도 쌈채소를 재배하는 농민들이 법으로 허용하지 않는 농약을 뿌리는 일이 심심치 않게 발생한다. 이런 행위는 법 위반이 될 뿐만 아니라, 생명존중의 음식윤리 원리에도 위배된다.

정의의 원리

정의의 원리에 위배되는 대표적인 사례는 표시위반 식품이다. 가짜 꿀, 가짜 참기름도 다 이런 예에 해당된다. 포장에 'A'라고 표시해놓고 내용물은 'B'를 넣는다면 당연히 정의의 원리를 따르지 않는 것이다. 원산지 표기를 속이는 주요 품목은 갈비, 등심, 삼겹살, 도라지, 대추, 건표고버섯, 고사리 등이다. 속이려 들면 속는 수밖에 없고 법은 멀고 이익은 가까운 현실에서, 음식윤리의 정의의 원리를 호소하는 것이 얼마나 효과가 있을지 모르겠다. 하지만 이보다 더 효과적인 방법이 있을 것 같지 않다는 사실이 정말 씁쓰

레한 현실이 아닐 수 없다.

환경보전의 원리

친환경 재배야말로 환경보전의 윤리 원리에 가장 부합되는 농법이다. 그런데 농업은 이미 가족 중심의 재래식 농업에서 산업적 관행농업으로 바뀌었다. 관행농업은 최대 생산과 최대 이익을 위해 화학비료와 농약을 남용했다. 그 결과 환경과 식품안전성의 측면에서 새로운 위협이 등장했다. 특히 농산물에 과다하게 함유된 농약은 소비자의 건강과 생명을 위협하는 심각한 문제가 되었다. 지속적 농업이 이런 문제점을 해결할 수 있는 대안으로 제시되었고, 그 중심에 유기농업이 있다.

안전성 최우선의 원리

현대의 과학으로는 안전성 여부를 판단하기 어려운 경우가 종종 있다. 광우병의 경우를 살펴보자. 광우병, 즉 소해면상뇌증은 소의 뇌가 스펀지처럼 변형되어 급격한 체온의 변화, 신경 및 자세의 불안정, 우유 양의 감소, 그리고 전반적인 체력 감소 등의 증상이 나타나는 만성 신경성 질병으로, 잠복기간은 보통 2년에서 8년이며, 치료는 사실상 불가능해서 이 병에 걸린 소는 결국 죽게 된다.

광우병은 발생원인, 감염경로 등이 아직 명확하게 밝혀지지 않았고, 광우병의 발병과정뿐만 아니라 사람에게 전염되는 과정도 분명하지 않다. 따라서 광우병의 위험관리는 기술적 위험이 불확실한 상황에서 이루어지는데, 유럽은 예방적 접근 차원에서 대응하는 반면, 미국은 경제적 논리와 시행착오 중심으로 대응하는 것으로 나타났다. 우리나라는 후발국가의 전형적인 위험관리 특성을 보이고 있다. 국내에서 미국산 쇠고기를 먹고 광우병에 걸릴 확률은 매우 낮다. 하지만 이 확률은 예측이 불가능하므로 앞으로도 계속 그럴지 알 수 없다. 특히 광우병은 잠복기가 길고, 광우병 위험은 확률만으로 계산할 수 없다. 광우병이 인체 안전성에 미치는 영향에 대해 확신할 수 없는 것이 오늘의 현실이다.

동적 평형의 원리

동적 평형의 원리는 음식에 대한 절제의 관점에서 현대를 사는 우리 대부분이 어기기 쉬운 원리이다. 우리가 외식 위주의 식생활을 할 경우, 특히 육류 위주의 식생활을 지향하는 한 가장 지키기 어려운 원리이다.

잃어버린
밥상을 되찾으려면

오므라이스와 맥주 한 병만으로도 너무 행복한

내가 맛있게 먹고 행복해했던 음식 가운데 특별히 기억나는 것으로
는 고급 위스키, 참치 회 등이 있다. 아주 비싼 위스키를 개봉하여
마시는 그 첫 모금은 무척 행복하다. 하지만 그 행복은 아주 빨리 사
라진다. 두 번째 잔부터는 한계효용체감의 법칙으로 행복한 느낌이
줄어들기 시작한다. 행복을 소유하는 순간, 그 행복은 신기루처럼
사라진다. 세상의 어떤 음식도 아내와 연애할 때 먹었던 오므라이스
보다 더 큰 행복을 주진 못했다. 연애 당시 직장 초년병 시절 왜 그
리 돈이 부족했는지……. 우리 둘은 명동의 한 경양식 집에서 자주
만났다. 스테이크보다 저렴한 오므라이스와 맥주 한 병을 시켜놓고
오랜 시간 함께 있었다. 원래 과묵한 나는 그때는 왜 그리 말이 많았

는지, 원래 명랑한 아내는 그때는 왜 그리 말수가 적었는지…… 우리는 오므라이스와 맥주 한 병만으로도 매우 행복했다. 물론 아내에게 더 맛있고 비싼 음식을 사주지 못해서 아쉬웠지만 연애 때의 행복은 함께 바라보는 것만으로도 좋은데 음식까지 함께 나누니 얼마나 행복했겠는가. 물론 이건 아내의 말이 아닌 내 말이지만.

내가 근무하는 직장도 점심을 함께 하는 것이 아주 중요하다. 수업이 12시부터 있는 경우는 11시 30분에 식당에 간다. 그러면 나와 같은 수업시간대의 교수들이 오고 나는 그들과 한 식탁에서 이런저런 이야기를 나누며 소속감을 느낀다. 어쩌다 혼자 먹게 되면 왠지 서글프기까지 하다. 물론 수업이 2시인 날은 12시부터 좀 더 여유 있는 마음으로 식탁에 앉아 보다 긴 시간 담소를 하며 식사를 한다. 학문적 이야기도 하고 학생들 교육 문제도 심도 있게 다루지만 때로는 월급이 적다는 불평이나 다른 사람 흉도 보면서 음식을 더욱 맛있게 먹는다. 하지만 수업이나 다른 일이 점심시간과 겹쳐 어쩔 수 없이 2시쯤 혼자 식탁에 앉아 식사를 하게 되면 밥도 꾸역꾸역 잘 넘어가지 않고 먹고 나도 개운치 않고 포만감이나 만족감도 떨어진다. 한마디로 쓸쓸한 느낌이지 행복한 느낌은 분명 아니다. 점심식사보다 저녁식사를 함께 하면 개인적인 친밀감을 보다 깊게 느끼게 된다. 특히 저녁식사에 곁들이는 술 한 잔은 사람들을 공동체에 더욱 가깝게 만들어준다. 한배를 탄 것 같은 느낌은 가장 진한 소속감이리라. 이어지는 술자리는 공동체의 소속감을 업그레이드시키고

이 자리에 빠지면 다음날 이어지는 무용담(?)에 끼기도 어렵게 되며 소속감도 그만큼 덜하기에 어떻게 하든 소속감을 극대화시키기 위해 가급적 빠지지 않으려 한다. 음식의 나눔에서 비롯되는 소속감은 그 자체가 행복감을 준다.

밥 친구와 밥상공동체

러셀[110]은 사람의 행복을 식사하는 태도에 비유하였는데, 행복한 사람은 적당한 식욕을 느끼고 적당한 양의 음식을 맛있게 먹는 사람과 비슷하다고 하였다. 또 식사를 귀찮게 여기는 사람은 낭만적인 불행의 손아귀에 들어간 사람과 비슷하고, 의무감에서 식사를 하는 환자는 금욕주의자와 비슷하며, 대식가는 방탕한 사람과 비슷하고, 미식가는 인생이 제공하는 즐거움의 절반은 구질구질하기 짝없다고 푸념하는 까다로운 사람과 비슷하다고 하였다.

흔히 좋은 음식을 많이 먹을수록 더 행복하리라 생각한다. 하지만 한계효용체감의 법칙이 음식만큼 정확하게 들어맞는 경우는 없을 것이다. 왜냐하면 사람의 위는 일정한 부피를 지니기 때문에 일단 배부르게 되면 음식을 더 먹어도 포만감과 행복감을 잘 느끼지 못한다. 아무리 맛있는 음식을 먹더라도 금방 한계에 도달할 수밖에 없다. 처음 몇 숟갈을 먹었을 때 행복의 최대치에 도달하고 그 이후에는 오히려 행복감이 낮아지게 된다. 아이스크림을 떠올리면 금세 이해할 수 있다.

오늘날은 레저의 시대다. 레저는 일이 아니라 쉬거나 노는 것이다. 사람마다 다양한 레저활동을 즐기는데 여기에는 음식이 반드시 필요하다. 예를 들어 등산을 가면 김밥이나 과일이 기본적으로 필요하고, 흔히 산행을 마치고 내려올 때의 하산주는 즐겁기만 하다. 낚시를 하면서 갓 잡은 물고기를 회로 먹는 재미도 쏠쏠하다. 물론 영화를 보면서 팝콘을 먹는 재미도 빠뜨릴 수 없다. 한마디로 레저의 기본 바탕에 음식이 빠지면 레저가 성립하지 않는다. 왜냐하면 음식은 그 자체로 먹는 즐거움을 주니까.

요즘은 지자체마다 축제를 많이 연다. 축제를 여는 공동체는 클 수도 있고 작을 수도 있다. 전세계 공동체의 축제로 올림픽을 예로 들 수 있고, 아주 작은 규모로 각 지역의 음식문화 축제나 도자기 축제 따위가 있다. 이 축제가 음식문화 축제가 아니더라도 축제에는 반드시 함께 먹는 음식이 있고 종교적 의미가 강한 축제의 경우 신에게 바치는 음식도 있다. 결과적으로 사람과 사람, 신과 사람 사이의 유대를 확인하고 돈독히 하게 되는데 그 매개체로서 음식의 역할은 대단히 중요하다. 성경에도 혼인잔치집의 포도주가 떨어졌을 때 예수의 기적이 행해지지 않았던가. 2002년 월드컵 때 함께 모여 TV를 보았고 더불어 통닭과 맥주를 먹고 마셨으니 그 판매량이 얼마나 많았던가. 축제는 음식 자체가 목적일 경우도 있고 아닌 경우도 있지만, 축제와 더불어 먹었던 음식은 우리의 기억장치에 행복한 느낌으로 저장될 것이다.

삶의 행복한 시간에, 기쁜 시간에, 들뜬 시간에, 너와 내가 함께 존재하며 함께 기뻐할 수 있음을 확인하는 의미에서 음식은 아주 중요하다. 왜냐하면 음식이 없으면 그런 확인을 할 수 없기 때문이다. 아무 음식도 없이 축제를 지낸다면 초중고교 때 아침조회를 한 기분이 들지도 모른다. 아니면 심각한 회의를 마쳤을 때의 허한 느낌이 들지도 모른다. 축제에는 꼭 샴페인이 없어도 되지만 그런 뜻을 서로 공유할 수 있는 음식이 반드시 있어야 축제가 산다. 미역국과 케이크 없는 생일은 쓸쓸하다. 한마디로 음식은 사람에게처럼 축제에도 생명을 주기 때문이다.

재택근무를 하는 일부 직장인을 제외하고는 대부분의 직장인들은 직장 내의 식당이나 근처 식당에서 점심식사를 한다. 특히 우리나라 직장인들이 점심을 혼자 먹는 경우는 거의 드물다. 미리 전화하여 만나서 함께 식당에 가든가 적어도 식당에서 우연히 만나더라도 아는 사람끼리 함께 식탁에 앉기 마련이다. 한 끼의 점심식사는 밥상을 함께 하던 과거의 밥상공동체 문화가 변모된 것이다. 함께 하는 밥상에 얼마나 익숙해져 있는지는 식당에서 간혹 혼자 먹어본 경험이 반증을 해준다. 혼자 먹을 때의 어색함은 백화점이나 대형마트의 식당에나 가야 해소된다. 왜냐하면 그런 식당에는 쇼핑을 왔다가 혼자 먹는 사람이 더러 있어 그런 어색함이 덜 하기 때문이다. 그런 곳에서는 내가 밥상을 함께 하지 않아도 괜찮은 것이다.

직장생활에서의 행복 여부는 밥상공동체에 함께 하는 일에 달려 있다. 가급적 직장 내의 구내식당보다는 바깥의 식당에서 서로 번갈아 밥값을 지불해 가며 먹을 수 있는 소위 밥 친구가 있으면 행복하다. 물론 그 밥 친구가 능력과 덕성까지 갖춘 의리 있는 친구라면 더욱 금상첨화일 것이다.

이런 밥상공동체와 밥 친구는 원시시대까지 그 기원을 유추해볼 수 있다. 커다란 짐승을 사냥한 사냥꾼은 칭송과 부러움의 대상이 되어 가장 맛있는 부위를 먹는다. 그 사냥꾼은 자기가 좋아하는 여자나 친구들에게 맛있는 부위를 준다. 다른 사람들도 나머지 고기를 함께 먹으며, 부족의 대소사를 이야기하든가 노래하고 춤을 추며 축제를 지내게 된다. 그럴 때 고기를 얻어먹지 못하고 한쪽 구석에 외톨이로 있는 사람이 있다면 먹지 못하는 데서 오는 허기는 물론 공동체에서 왕따를 당하는 외로움에 견디기 힘들 것이다. 사냥은 혼자 할 수 있는 것이 아니다. 오늘 짐승을 잡은 사냥꾼은 그 고기를 나눔으로써 다음에 짐승을 잡지 못할 때를 대비하여 보험을 들어둔다. 상부상조하는 공동체에 소속감을 갖지 못한 사람은 생존의 위험까지 감수해야 하는 것이다. 정착하여 농사를 짓던 농경사회도 마찬가지였을 것이다. 농사 역시 혼자 짓지 못하는 일이다. 수확물을 나누며 기쁨을 함께 나누는 축제 때에 외톨이가 된다면 소속감 상실은 심각한 문제가 된다. 공동체에서의 생존 자체가 어려울 수 있기 때문이다. 특히 우리나라의 밥상공동체는 농경문화와 깊은 관계가 있다.

그렇다면 농사와 전혀 관계없는 전자회사나 제약회사에 근무하는 현대 직장인들에게 왜 여전히 밥 친구와 밥상공동체 또는 음주가무를 함께 하는 동료가 필요한 것인가? 사람은 혼자 살 수 없기 때문이다. 그리고 직장의 모든 일은 사람과 사람이 서로 엮어 가며 짜내는 피륙과 같기 때문에 사람들은 매일의 점심과 저녁을 함께 할 밥 친구를 찾는 것이다. 밥은 단순히 먹는 것이 아니다. 밥은 우리를 살게 한다. 그냥 목숨을 이어가는 것이 아니라 사회 안에서 소속감을 느끼며 행복을 느끼게 해주는 것이다. 물론 행복은 내가 느끼는 것이지만, 행복의 단초는 외부에서 특히 공동체에서 오기 때문이다. 예수의 말처럼 사람은 빵만으로 사는 것이 아니다. 하지만 그 빵이 또한 삶으로 우리를 이끌기 때문에 예수는 빵과 술의 성찬례를 정하였다. 예수는 살과 피의 존재로 함께 하겠다는 의지를 표명하였다. 함께 하는 것. 특히 밥상공동체에 함께 하는 것이야말로 행복의 첫 걸음이 아닐까?

우리 학교신문에 '소셜 다이닝(social dining)'을 소개하고 전파하는 기사가 실린 적이 있다. 자취방에서 혼자 대충 먹지 않는 것은 식도락 모임(dining club)과 같지만, 식도락모임이 아는 사람들끼리의 식사모임인데 반해, 소셜 다이닝은 서로 모르는 사람들과 공통 관심사를 주제로 편안하게 이야기를 하며 즐기자는 것이다. 소위 밥 친구의 수준을 넘어 밥과 함께 하는 문화적 대화의 차원을 말하는 것이다. 보통 가족과도 행복을 느끼는 대화는 얼마든지 가능하다. 소셜 다이닝과 대조적으로 해피 패밀리 다이닝(happy family dining)

이라고 할 수 있는 이런 식사 패턴을 우리는 많이 잃어버렸다. 소위 '잃어버린 밥상'이고 그만큼 '잊어버린 행복'이라고 하겠다. 음식과 행복은 떼려야 뗄 수 없는 관계이다.

보건사회연구원이 2008년에 발간한 한국인의 행복지수에 대한 조사보고서[118]에서 음식은 행복지수에 미치는 영향이 크지 않기 때문에 행복지수 연구조사에서 음식의 경우를 제외하였다고 언급하였다. 하지만 신문, 방송 등의 많은 매체가 음식 문제를 다루고 있고, 식당의 숫자도 미국, 일본보다 훨씬 많으며, 사람들의 관심이 음식과 건강, 장수에 많이 집중되어 있는 현실을 감안해볼 때, 한국인의 행복지수 산정에 음식의 영향을 세밀하게 조사해야 한다고 생각된다. 음식과 관련된 한국인의 행복지수는 개인적일 수도 있지만 사회공동체 전체의 문제일 수도 있기 때문에 더욱 그러하다.

나가며

고교 시절 나의 꿈은 법관과 작가였다. 법관은 아버지가 바라는 직업이었고, 작가는 글짓기 대회 수상과 그때 담임선생님에 대한 존경심이 계기가 되었다. 지금 나는 법관도 작가도 아니고, 고등학교 때부터 이공계로 살아온 식품공학 전공교수이다. 내 강의과목 중 하나인 식품위생 및 법규도 이과적인 관점에서 접근하였다. 그러다가 몇 해 전부터 식품위생법도 중요하지만 음식에 대한 윤리적 마인드가 먼저라는 생각을 갖게 되었다. 전기 합선이 일어나면 전원부터 차단하지 않는가. 집안에 물이 새면 수도부터 잠그지 않는가. 그렇다. 전원, 수도, 바로 그것이 윤리였다. 그래서 윤리를 공부하기 시작했다. 평생을 이공계로 살아온 내가 인문학을 공부하는 것은 너무 어려웠고, 아리스토텔레스나 칸트는 내 머리카락을 희고 듬성

듬성하게 만들었다. 그래도 나는 음식윤리를 개설하여 강의를 시작하였고 비록 공저이지만 두 권의 음식윤리 관련서적도 출판하면서 이 길에 들어섰다.

　이 분야를 시작한 지 5년이 흘렀다. 이 분야를 하려면 음식이나 식품에 대해서도 잘 알아야 하고 윤리학이나 철학은 물론 여러 인문사회 분야와 농업, 환경 등에도 관련 지식이 풍부해야 한다. 그러려면 수많은 서적을 읽어야 하고 이 분야의 논문도 써야 한다. 음식윤리는 결코 재미삼아 할 분야가 아니다. 그런데 음식은 조상부터 후손까지, 동양부터 서양까지, 아기부터 노인까지, 남자부터 여자까지, 부유층부터 극빈층까지, 화이트칼라부터 블루칼라까지, 의사부터 환자까지, 선생부터 학생까지, 모든 이에게 해당된다. 윤리와 행복도 마찬가지다. 그렇다면 음식윤리와 행복은 세상 모든 이에게 중요한데, 너무 당연하다보니 공기처럼 그 중요성을 깨닫지 못하고 있다는 것을 알게 되었다. 그래서 이 책을 사람과 음식, 세상과 음식, 삶과 음식의 세 부분으로 기획하면서 누구나 음식을 먹으면서 행복하게 잘 살 수 있는 길을 제시하고자 하였다.

　나는 자칭 도시농부다. 서울 강서구 오쇠동에 있는 밭에서 농사를 짓는다. 밭은 겨우 7.5평의 텃밭이지만 그래도 밭은 밭 아니겠는가. 몇 년 전 고구마꽃을 보았다. 전문 농업인도 보기 힘들다던 고구마꽃은 나팔꽃과 비슷하게 생겼다. 줄기를 잘라 심어 키우는 고구마 농사에 불필요한 고구마꽃은 그냥 신기했다. 또 감자꽃도 난생처음

보았다. 감자도 싹튼 부위를 잘라 땅에 묻어 재배한다. 생각해보면 야생 고구마나 감자는 자연 상태에서 영양 번식도 하고 꽃도 피우고 씨앗도 맺는다. 1986년 1월 15일 《매일경제》에 실린 기사에 따르면 씨를 뿌려 재배할 수 있는 신종 감자를 농촌진흥청이 개발하였다고 한다. 아무튼 영양 번식 방식으로 재배하는 감자는 꽃이 피어도 재배상의 의미가 없기 때문에 꽃을 따버리기도 한다. 그러나 자연에는 어느 한 가지도 의미 없이 진행되는 일은 없다고 나는 믿는다. 야생의 고구마와 감자는 단기적 목적과 장기적 목적을 동시에 만족시키기 위해 두 가지 방식으로 번식하리라 믿어진다. 단기적 번식 목적을 위해 쉽고 간편하게 영양 번식 방식을 취할 것이지만, 장기적 번식 목적을 위해서는 씨를 이용해 번식함으로써 스스로 품종을 개량하고 환경에 적응해 나갈 것이다.

고구마나 감자가 영양 번식으로 자라듯 우리도 현재 수준의 음식윤리 수준을 답습해 나가며 큰 문제 없이 살아나갈 수 있다. 그러나 예기치 않은 불행을 방지하거나 지속적인 행복을 위해, 음식윤리의 씨로부터 출발하는, 지루하지만 보다 본질적인 윤리와 행복을 생각해야 할 때이다. 비록 의미가 없어 보일지라도 꽃을 잘 수정시켜 씨앗이 되게 하고 그 씨앗을 심어 보다 나은 개체로 만들어가자는 것이 음식윤리와 행복에 대해 내가 가지고 있는 개념이다. 음식윤리는 장기적 관점이고 나뿐만 아니라 우리 후손도 함께 행복해지자는 개념이다.

막상 글쓰기를 마무리하자니 시원섭섭하다. 돌아보니 기획부터 마무리까지 약 3년의 세월이 흘렀다. 누가 쓰라고 강요한 것도 아닌데 왜 그렇게 자신을 채찍질하며 애썼는지 의아하기까지 하다. 방학이 되면 본문을 열심히 쓰다가 개학이 되면 글쓰기를 멈추고 미진한 부분에 대해 관련 자료를 조사했다. 역시 학기 중에는 강의에 바빠 쓰겠다는 욕심은 포기했고, 다시 방학이 되어서야 또 쓰기 시작했다. 이번에는 기필코 탈고하리라 결심했고 노는 데 한눈팔지 않고 애쓴 결과 이제야 탈고를 앞두게 되었다. 이러니 속이 시원하지 않다면 거짓이리라. 그래도 섭섭하고 아쉬운 점은 좀 더 잘 쓰지 못했다는 점이다. 머리에 맴도는 수많은 생각을 좀 더 많이 다듬고 글로 더 적절하게 표현했어야 하는데 필력은 물론 능력도 부족했다는 고백을 할 수밖에 없다. 독자께 미진한 부분이 많은 글을 탈고하는 몰염치에 용서를 구한다.

1. EATR(Energetically Autonomous Tactical Robot)

   http://search.daum.net/search?w=tot&t__nil_searchbox=btn&DA=YZRR&sug=
   &q=ENERGETICALLY+AUTONOMOUS+TACTICAL+ROBOT

2. 신승미, 손정우. 2008. 한국 전통음식 통합검색 시스템 구축을 위한 통과의례음식 연구. 한국식품영양과학회지. 21(3): 344-354.

3. 정혜경, 우나리야, 김미혜. 2010. 소설『혼불』속 전통음식의 문화적 이해-통과의례음식을 중심으로. 한국식생활문화학회지. 25(4): 416-427.

4. 황루시. 2008. 민속 해석의 한 연구-경계의 이미지와 신성 창조 방법을 중심으로. 기호학연구. 11: 11-27.

5. 김종훈, 곽도화. 2010. 여성결혼이민자들의 연령별 식습관에 대한 조사-부산지역을 중심으로. 동북아관광연구. 6(1): 77-97.

6. 차선미, 부소영, 김은진, 김명희, 최미경. 2012. 한국 결혼이주여성의 거주기간에 따른 식태도 및 식생활 관리에 관한 연구. 대한영양사협회 학술지. 18(4): 297-307.

7. 최영주. 2007. 세계의 교양을 읽는다. 4. 윤리학편. 휴머니스트. 서울. pp. 17-18.

8. 김석신, 신승환. 2011. 잃어버린 밥상, 잊어버린 윤리. 북마루지. 서울. pp. 14-21, 22-27, 48-53, 84-91.

9. SBS. 2009. 생명의 선택 1부. 당신이 먹는게 삼대를 간다. SBS 스페셜. 2009. 11. 15.

10. 네이버 의학정보.

   http://health.naver.com/medical/testAndTreat/detail.nhn?selectedTab=detai
   l&checkupTreatmentMethodTypeCode=BB&checkupTreatmentMethodCod
   e=BB000094&cpId=CP00038907&cboxProfileHome=http%3A%2F%2Fcomme
   ntbox.naver.com%2Fredirect.nhn&cboxPwReportUrl=http%3A%2F%2Fcomm

entbox.naver.com%2Freport.nhn&cboxPwBlockUrl=http%3A%2F%2Fcomme
ntbox.naver.com%2Fnot_available.nhn

11. 김석신, 이철원. 2008. 고령자스낵식품의 개발 설계. 산업식품공학. 12(4): 215-225.

12. 김진숙, 이미영, 정선희, 이정희, 김현덕, 이주희, 현태선, 장경자. 2001. 50세 이상 성
    인 및 노인의 특수영양 및 건강보조식품의 섭취실태. 대한지역사회영양학회지. 6(5):
    798-808.

13. 이윤경. 2007. 비노인층이 갖는 이미지 연구. 한국인구학. 30(2): 1-22.

14. 박경란, 이영숙. 2001. 대학생이 갖고 있는 노인에 대한 고정관념 분석. 한국노년학.
    21(2): 71-83

15. 김윤정, 강인, 이창식. 2004. 청년 중년 노년세대별 노인에 대한 태도. 한국가정관리
    학회지. 22(1): 65-75.

16. 김윤혜, 하태열, 이복희. 2006. 수도권 거주 노인들의 여가활동 유무에 따른 정신건강
    수준, 식생활 실태 및 영양상태 비교 분석. 한국식품영양과학회지. 35(4): 422-429.

17. 백주희. 2009. 가족가치관과 성역할태도에 영향을 미치는 인구학적 변인: 국제비교
    분석. 한국가정관리학회지. 27(3): 239-251.

18. 황은. 2004. 1991년도와 2002년도 남녀 대학생의 가정내 역할에 대한 성역할 태도.
    한국가정관리학회지. 22(1): 77-89.

19. 이기식. 2012. 음식문화와 남녀 불평등. 헤세연구. 27: 221-243.

20. 김주현, 하애화, 강남이. 2010. 일부 초등학생에 있어 성별에 따른 식사 예절, 영양 지
    식 및 식습관 차이에 관한 연구. 한국식품영양학회지. 23(4): 623-632.

21. 김이수, 나영아. 2005. 서울 지역 초등학교 학생들의 성별에 따른 식행동 양상 연구.
    한국조리학회지. 11(4): 77-91.

22. 조지예. 2011. 남녀 대학생의 식습관과 BMI 분류로 인한 식생활 및 건강상태 연구와
    영양교육 프로그램 모델 개발. 울산대학교 박사학위논문. pp. 152-157.

23. 윤진. 1981. 남녀차이에 대한 심리학적 고찰-성역할 사회화 과정과 그 결과를 중심으
    로. 한국사회학. 15: 21-35.

24. 장하경, 서병숙. 1995. 중년기 여성의 성역할(gender role)에 관한 연구. 한국가정관
    리학회지. 11(2): 156-168.

25. 이은아. 2006. 중년기 남녀의 성역할 정체감과 부부갈등 및 심리적 적응의 관계. 한국 가족자원경영학회지. 10(1): 107-126.

26. 조천수. 2004. 자연법과 사물의 번성. 저스티스. 77: 157-175.

27. 로저 트리그(Roger Trigg). 2007. 인간 본성과 사회생물학(The Shaping of Man). 김성한 역. 궁리. 서울. pp. 175-176.

28. 이창훈. 2009. 범죄학과 인간본성론 I: 다면적(多面的) 인간본성의 재발견. 아시아교정포럼 학술지 교정담론. 3(2): 85-118.

29. 신승환. 2010. 진화생물학적 인간 이해의 한계와 존재론적 인간학. 인간연구. 18: 7-40.

30. 박영숙. 1999. 에리히 프롬에 있어서의 자유의 문제. 교육연구. 33: 57-90.

31. 권용근. 2009. 영성의 인간학적 이해. 신학과 목회. 31: 77-100.

32. 리언 래퍼포트(Leon Rappoport). 2006. 음식의 심리학(How to Eat: Appetite, Culture, and the Psychology of Food). 김용환 역. 인북스. 서울. pp. 47-48, 59-60, 121-133.

33. Kee JI, Ganesan P, Kwak HS. 2010. Bioactive conjugated linoleic acid (CLA) in milk. Korean Journal of Food Science and Animal Resource. 30(6): 879-885.

34. 권기제. 2011. 소셜 네트워크 시대의 동기부여론에 따른 디자인 인지와 소비자 반응의 상관관계 연구. 영남대학교 박사학위논문. pp. 28~47.

35. 김남준. 2007. 공동체주의의 인간학적, 윤리학적 근거 논쟁-찰스 테일러의 공동체주의를 중심으로. 윤리교육연구. 12: 129-156.

36. 김진만. 2009. 공동체주의 윤리관의 자유주의적 가치 수용에 관한 일고. 윤리교육연구. 20: 141-168.

37. 장효민. 2012. 진정한 자유를 구현하는 시민성 실천 방안-미국 민주주의에 대한 토크빌의 분석을 중심으로. 윤리교육연구. 27: 247-268.

38. 최경애. 2007. 한국의 전통적 공동체주의와 신공동체주의의 구성원리 비교. 사회과학연구. 46(2): 177-204.

39. 박연규. 2011. 시민인문학에서 자율과 자유, 그리고 공동체성. 철학·사상·문화. 12: 112-136.

40. 김영선. 2009. 지구 공동체를 위한 세계윤리의 방향. 윤리철학교육. 12: 79-98.

41. 왕대일. 1999. 하나님의 정의와 먹거리-만나 이야기(출 16:1-36)에 대한 구약신학적 성찰. 신학과 세계. 39: 7-38.

42. 이종수. 2009. 행정학사전. 대영문화사. 서울. 2009.1.15.
http://terms.naver.com/entry.nhn?cid=520&docId=75567&categoryId=520

43. 매트 리들리(Matt Ridley). 2001. 이타적 유전자(The Origins of Virtue). 신좌섭 역. (주)사이언스북스. 서울. pp. 153-168.

44. 톰 스텐디지(Tom Standage). 2012. 식량의 세계사(An Edible History of Humanity). 박중서 역. (주)웅진씽크빅. pp. 56-65, 57-77.

45. 전경수. 1995. 용수문화, 공공재, 그리고 지하수; 제주도 지하수개발의 반생태성을 중심으로. 제주도연구. 51-69.

46. 권상철. 2012. 물의 신자유주의화-상품화 논쟁과 한국에서의 발전. 한국경제지리학회지. 15(3): 358-375.

47. 공선옥. 2008. 행복한 만찬. (주)문학동네. 서울. pp. 24.

48. 김양희, 전세경, 문영소, 박정윤, 장온정, 김예리, 김효민, 백선아, 안진경. 2009. 가족과 생활문화. 양서원, 서울. pp. 67-84

49. Sung SJ, Kwon SJ. 2010. Effect of eating with family or alone on the self-rated mental or physical health-The elementary school children in Daejeon area. Korean J Community Nutrition. 15(2): 206-226.

50. Kwon JE. 2011. Dietary behavior, food intake frequency and life satisfaction according to family meal frequency of middle school students in Seoul. Inha University. Master's thesis. pp. 30-32.

51. 김석신. 2012a. 1994-2005년 한국 음식신어에 대한 음식윤리적 접근. 한국식생활문화학회지. 27(5): 445-448.

52. 속초 아바이마을 홈페이지. http://www.abai.co.kr/abai/abai_01.html

53. 한국민족문화대백과.
http://terms.naver.com/entry.nhn?cid=1605&docId=796041&mobile&categoryId=1605

54. 제리 맨더, 에드워드 골드스미스. 2001. 위대한 전환: 다시 세계화에서 지역화로. 윤길순, 김승욱 역. 동아일보사. 서울. pp. 535-549.

55. 아모스 H. 홀리. 1995. 인간생태학: 지역공동체 이론. 홍동식, 강대기, 민경희 역. 일지사. 서울. pp. 9-51.

56. 김일철. 1999. 한국의 사회구조와 지역사회. 서울대학교출판부. 서울. pp. 129-150.

57. 한국민족문화대백과.

http://terms.naver.com/entry.nhn?cid=1607&docId=523492&mobile&categoryId=1607

58. 한국민족문화대백과.

http://terms.naver.com/entry.nhn?cid=1647&docId=526782&mobile&categoryId=1647

59. 경향신문.

http://news.khan.co.kr/kh_news/khan_art_view.html?artid=201308012300385&code=970201

60. 두산백과.

http://terms.naver.com/entry.nhn?cid=200000000&docId=1125980&mobile&categoryId=200000237

61. 권태환, 홍두승, 설동훈. 2011. 사회학의 이해. 다산출판사. 서울. pp. 13-17, 49-50, 53-59, 70-80, 251-185, 514-550.

62. 네이버 지식백과.

http://terms.naver.com/entry.nhn?cid=200000000&docId=1301063&mobile&categoryId=200000401

63. 서진욱, 곽용섭, 유종서. 2001. 미국내 민족음식의 조사를 통한 한식당의 현지화 전략. 외식경영연구. 4(1): 125-147.

64. 김수중, 이동희, 이봉재, 환승완, 권용혁. 2002. 공동체란 무엇인가. 이학사. 서울. pp. 5-67.

65. 21세기 정치학대사전, 정치학대사전 편찬위원회, 2010.1.5, 한국사전연구사

http://terms.naver.com/entry.nhn?cid=476&docId=726191&mobile&category

Id=476

66. 임현철, 송기옥, 홍정은. 2012. 한식 세계화를 위한 서비스 및 음식품질의 IPA분석에 관한 연구. 호텔리조트연구. 11(2): 59-83.

67. 이진아. 2001. 자본주의 세계화와 현대 음식문화. 환경과 생명. 30: 83-98.

68. 두산백과:

http://terms.naver.com/entry.nhn?cid=200000000&docId=1149621&mobile&categoryId=200000400

69. 박상미. 2003. 맛과 취향의 정체성과 경계 넘기: 전지구화 과정 속의 음식문화. 현상과 인식. 27(3): 54-70.

70. 최원규. 1996. 한국전쟁중 국제연합민사원조사령부(UNCAC)의 전재민 구호정책에 관한 연구. 전략논총. 8: 113-161.

71. 이은희. 2012. 근대 한국의 제당업과 설탕 소비문화의 변화. 연세대학교 박사학위논문. pp. 274-311.

72. 네이버 오픈국어.

http://kin.naver.com/openkr/detail.nhn?docId=131193

73. SBS TV 컬럼. 2005.

http://news.naver.com/main/read.nhn?mode=LPOD&mid=tvh&oid=055&aid=0000056919

74. 김우태, 박창진, 김명하, 홍영환, 김종호, 조현걸, 김우영, 서윤환, 윤순갑, 박창규, 이동진, 문태현, 허만호, 하상식, 여강모, 정희석. 2005. 정치학의 이해. 형설출판사. pp. 21-24, 25-39, 83-103, 519-526.

75. 서울대학교 정치학과 교수. 2004. 정치학의 이해. 박영사. 서울. pp. 3-8.

76. 이극찬. 2006. 정치학. 법문사. 서울. pp. 89-91, 691-710.

77. 배찬복. 2004. 풀어쓰는 정치학. 한국학술정보. 서울. pp. 21-22, 27-35.

78. 재레드 다이아몬드(Jared Diamond). 1998. 총, 균, 쇠(Guns, Germs, and Steel). 김진준 역. 문학사상사. 서울. pp. 42.

79. 김양희. 2012. 체제유지를 위한 북한의 식량정치(food politics). 통일문제연구. 57: 1-41.

나의 밥 이야기

80. 김종덕. 2008. 식량(음식)의 탈정치화와 음식문맹. 한국환경사회학회 추계학술대회 발표(2008.11.7.). pp. 36-46.

81. 권일찬. 1990. 한국의 식량정책의 정치경제학. 사회과학연구. 7(1): 111-142.

82. 김종덕. 2007. 식량권과 사회복지의 정치학. 비판과 대안을 위한 사회복지학회 학술대회. 춘계학술대회(2007년 5월). pp. 297-311.

83. 안득기. 2008. 제3세계 식량안보에 관한 연구: 식량과 굶주림의 국제정치경제. 글로벌정치연구. 1(2): 127-159.

84. 두산백과.
http://terms.naver.com/entry.nhn?cid=200000000&docId=1060341&categoryId=200002696

85. 이준구, 이창용. 2010. 경제학원론. 법문사. 서울. pp. 5-10, 63.

86. 토코야마 히로미, 에가이츠 후미오. 2003. 식품경제의 이해-Food System의 경제학. 이병오, 고종태 역. 강원대학교 출판부. 춘천. pp. 1-4, 15-18, 85-89.

87. 한국외식정보(주). 2011. 2011 한국외식연감. pp 65-474.

88. 김상택. 2006. 쉽게 배우는 경제학. 황금가지. 서울. p. 43-47.

89. 미디어 종사자를 위한 천주교 용어 자료집.
http://terms.naver.com/entry.nhn?docId=1623347&cid=472&categoryId=472

90. 박재환, 일상성 · 일상생활연구회. 2009. 일상과 음식. 한울. 서울. pp. 13-35, 37-59, 123-144

91. 김숙희, 강병남. 2007. 세계의 식생활과 음식문화. 대왕사. 서울. pp. 15-39.

92. 두산백과.
http://terms.naver.com/entry.nhn?cid=200000000&docId=1171221&mobile&categoryId=200000070

93. 엄석기, 최원철. 2010. 본능과 본성에 기초한 동아시아 전통의학의 의의에 대한 소고-자연의학으로서의 가치와 현대병을 중심으로. 대한한의학원전학회지. 23(2): 63-87.

94. 김정선. 2005. 조선시대 왕들의 질병치료를 통해 본 의학의 변천. 서울대학교 박사학위논문. pp. 59-73.

95. 김석신. 2013. 음식윤리의 약사(略史). 생활과학연구논집. 33(1): 160-175.

96. 김석신. 2011. 불량만두소 사건에 대한 음식윤리적 접근. 한국식생활문화학회지. 26(5): 437-444.

97. 변순용. 2009. 먹을거리의 인간학적, 윤리적 의미에 대한 연구. 범한철학. 53: 329-361.

98. 이해원. 2007. 중국음식문화의 내재적 의미 연구. 중국문화연구. 11: 333-363.

99. Gofton L. 1996. Bread to biotechnology: cultural aspects of food ethics. In "Food Ethics" ed. Ben Mepham. Routledge. London. pp. 64-83.

100. 오세영. 2005. 현대 한국 식문화에 나타난 함께 나눔의 성격. 한국식생활문화학회지. 20(6): 683-687.

101. 클라우스 E. 뮐러(Klaus E. Muller). 2007. 넥타르와 암부로시아(Nektar und Ambrosia). 조경수 역. 안티쿠스. 서울. pp. 103-114, 157.

102. 김석신. 2012b. 한국 음식속담에 대한 음식윤리적 접근. 한국식생활문화학회지. 27(2): 157-171.

103. Lee JS, Kim MY, Suh EK. 2004. Happiness and the eastern concept of Bok: similarities and distinctions. Korean J. Social and Personality Psychology. 18(3): 115-125.

104. 최정호. 2010. 복에 관한 담론 - 기복사상과 한국의 기층문화. 돌베개. 서울. pp. 38-47.

105. 네이버 지식iN. http://kin.naver.com/openkr/detail.nhn?docId=1552

106. Kim SS. 2014. The mini-cup jelly court cases: A comparative analysis from a food ethics perspective. J. Agric. Environ. Ethics DOI: 10.1007/s10806-013-9487-2.

107. 김영준, 김석신, 노봉수, 박인식, 이원종, 정구민. 2012. 좋은 음식을 말한다. 백년후. 서울. pp. 205-242.

108. 네이버 질병/의료정보. http://health.naver.com/medical/disease/detail.nhn?selectedTab=detail&diseaseSymptomTypeCode=AA&diseaseSymptomCode=AA000081&cpId=ja2&

나의 밥 이야기

move=con

109. 미디어다음. http://media.daum.net/culture/food/newsview?news
id=20140110091516559

110. 버트랜드 러셀(Bertrand Russell). 2009. 행복의 정복(Conquest of Happiness).
이순희 역. (주)사회평론. 서울. pp. 32-56, 173.

111. 이정진. 2008. 우리는 행복한가. 경제학자 이정진의 행복방정식. 한길사. 서울.
pp.18-27.

112. 국가통계포털.
http://kosis.kr/statisticsList/statisticsList_03List.jsp?vwcd=MT_RTITLE&
parmTabId=M_03_01

113. UN Sustainable Development Solutions Network. 2013. World Happiness
Report 2013. pp. 23-24.

114. 김성동. 2008. 행복의 윤리학 시론. 철학탐구. 24: 141-164.

115. 스튜어트 메크리디(Stuart McCready). 2010. 행복에 대한 거의 모든 것들(The
Discovery of Happiness), 김석희 역, 휴머니스트. 서울. pp. 9, 16.

116. 리즈 호가드(Liz Hoggard). 2006. 영국 BBC 다큐멘터리 행복. 이경아 역. 위즈덤하
우스. 서울. pp. 30.

117. 도성달, 류지한, 박효종, 방영준, 손용택. 2008. 웰빙문화 시대의 행복론. 경인문화
사. 서울. pp. 1-20.

118. 김승권, 장영식, 조홍식, 차명숙. 2008. 한국인의 행복결정요인과 행복지수에 관한
연구(A Study of Determinants and Indicators of Happiness among Koreans).
한국보건사회연구원.

추천 도서 목록

- 공선옥. 2008. 『행복한 만찬』. (주)문학동네. 서울.
- 권태환, 홍두승, 설동훈. 2011. 『사회학의 이해』. 다산출판사. 서울.
- 김석신, 신승환. 2011. 『잃어버린 밥상, 잊어버린 윤리』. 북마루지. 서울.
- 김수중, 이동희, 이봉재, 환승완, 권용혁. 『공동체란 무엇인가』. 이학사. 서울.
- 김숙희, 강병남. 2007. 『세계의 식생활과 음식문화』. 대왕사. 서울.
- 김승권, 장영식, 조흥식, 차명숙. 2008. 『한국인의 행복결정요인과 행복지수에 관한 연구(A Study of Determinants and Indicators of Happiness among Koreans)』. 한국보건사회연구원.
- 김영준, 김석신, 노봉수, 박인식, 이원종, 정구민. 2012. 『좋은 음식을 말한다』. 백년후. 서울.
- 김우태, 박창진, 김명하, 홍영환, 김종호, 조현걸, 김우영, 서윤환, 윤순갑, 박창규, 이동진, 문태현, 허만호, 하상식, 여강모, 정희석. 2005. 『정치학의 이해』. 형설출판사. 서울.
- 김일철. 1999. 『한국의 사회구조와 지역사회』. 서울대학교출판부. 서울.
- 도성달, 류지한, 박효종, 방영준, 손용택. 2008. 『웰빙문화 시대의 행복론』. 경인문화사. 서울.
- 로저 트리그(Roger Trigg). 2007. 『인간 본성과 사회생물학(The Shaping of Man)』. 김성한 역. 궁리. 서울.
- 리언 래퍼포트(Leon Rappopert). 2006. 『음식의 심리학(How to Eat: Appetite, Culture, and the Psychology of Food)』. 김용환 역. 인북스. 서울.
- 리즈 호가드(Liz Hoggard). 2006. 『영국 BBC 다큐멘터리 행복』. 이경아 역. 위즈덤하우스. 서울.
- 리처드 도킨스(Richard Dawkins). 1993. 『이기적 유전자(The Selfish Gene)』. 을유

문화사. 서울.

- 매트 리들리(Matt Ridley). 2001. 『이타적 유전자(The Origins of Virtue)』. 신좌섭 역. (주)사이언스북스. 서울.
- 박재환, 일상성 · 일상생활연구회. 2009. 『일상과 음식』. 한울. 서울.
- 배찬복. 2004. 『풀어쓰는 정치학』. 한국학술정보. 서울.
- 버트랜드 러셀(Bertrand Russell). 2009. 『행복의 정복(Conquest of Happiness)』. 이순희 역. (주)사회평론. 서울.
- 사카키바라 에이스케. 『식탁 밑의 경제학』. 유주현 역. 이콘. 2007.
- 서울대학교 정치학과 교수. 2004. 『정치학의 이해』. 박영사. 서울.
- 스튜어트 메크리디(Stuart McCready). 2010. 『행복에 대한 거의 모든 것들(The Discovery of Happiness)』. 김석희 역, 휴머니스트. 서울.
- 쓰지하라 야스오. 2002. 『음식, 그 상식을 뒤엎는 역사』. 이정환 역. 창해. 서울.
- 아모스 H. 홀리. 1995. 『인간생태학: 지역공동체 이론』. 홍동식, 강대기, 민경희 역. 일지사. 서울.
- 앨런 비어즈워스, 테레사 케일(Alan Beardsworth, Teresa Keil). 2010. 『메뉴의 사회학-음식과 먹기 연구로의 초대(Sociology on the Menu-An Invitation to the Study of Food and Society)』. 한울. 서울.
- 이극찬. 2006. 『정치학』. 법문사. 서울.
- 이정진. 2008. 『우리는 행복한가. 경제학자 이정진의 행복방정식』. 한길사. 서울.
- 이준구, 이창용. 2010. 『경제학원론』. 법문사. 서울.
- 장디디에 뱅상. 2007. 『뇌 한복판으로 떠나는 여행. 뇌에 대한 거의 모든 정보가 담긴 외과학 백과사전』. 이세진 역. (주)북하우스 퍼블리셔스. 서울.
- 장정옥, 신미경, 윤계순, 윤혜경, 김유경. 2010. 『식생활과 문화』. 보문각. 서울.
- 재레드 다이아몬드(Jared Diamond). 1998. 『총, 균, 쇠(Guns, Germs, and Steel)』. 김진준 역. 문학사상사. 서울.
- 정석용, 이규은. 2013. 『인간과 사회윤리』. 동문사. 서울.
- 제리 맨더, 에드워드 골드스미스. 2001. 『위대한 전환: 다시 세계화에서 지역화로』. 윤길순, 김승욱 역. 동아일보사. 서울.

- 조지 베일런트(George E. Vaillant). 2010. 『행복의 조건(Aging Well)』. 이덕남 역, 프런티어. 서울.
- 찰스 버치(Charles Birch), 존 캅(John B. Cobb). 2011. 『생명의 해방: 세포에서 공동체까지(The Liberation of Life: From the Cell to the Community)』. (주)나남. 서울.
- 최영주. 2007. 『세계의 교양을 읽는다. 4. 윤리학편』. 휴머니스트. 서울.
- 최정호. 2010. 『복에 관한 담론-기복사상과 한국의 기층문화』. 돌베개. 서울.
- 최종고. 2000. 『법과 윤리』. 경세원. 서울.
- 클라우스 E. 뮐러(Klaus E. Muller). 2007. 『넥타르와 암부로시아(Nektar und Ambrosia)』. 조경수 역. 안티쿠스. 서울.
- 토코야마 히로미, 에가이츠 후미오. 2003. 『식품경제의 이해-Food System의 경제학』. 이병오, 고종태 역. 강원대학교 출판부. 춘천.
- 톰 스텐디지(Tom Standage). 2012. 『식량의 세계사(An Edible History of Humanity)』. 박중서 역. (주)웅진씽크빅.
- 피터 싱어(Peter Singer), 짐 메이슨(Jim Mason). 2008. 『죽음의 밥상(The Ethics of What We Eat)』. 함규진 역. 웅진씽크빅.
- 한완상, 백욱인, 김해식, 배규한, 조형제, 홍덕률, 장경섭, 조혜인, 김신일, 조병희, 신광영, 이은진, 전광희, 박재묵, 한상진. 1996. 『한국사회학: 한국 사회에 대한 이해와 전망』. 민음사. 서울.
- Mepham B. 1996. 『Food Ethics』. Routledge. London.
- Michael Argyle. 2005. 『행복심리학(The Psychology of Happiness)』. 김동기 김은미 역. 학지사. 서울.

찾아보기

나의 밥 이야기

나의 밥 이야기

나의 밥 이야기

나의 밥이야기

1판 1쇄 찍음 2014년 10월 7일
1판 1쇄 펴냄 2014년 10월 15일

지은이 김석신

주간 김현숙
편집 변효현, 김주희
디자인 이현정, 전미혜
영업 백국현, 도진호
관리 김옥연

펴낸곳 궁리출판
펴낸이 이갑수

등록 1999. 3. 29. 제300-2004-162호
주소 110-043 서울시 종로구 통인동 31-4 우남빌딩 2층
전화 02-734-6591~3
팩스 02-734-6554
E-mail kungree@kungree.com
홈페이지 www.kungree.com
트위터 @kungreepress

ISBN 978-89-5820-279-0 03300

값 15,000원